Den uforandrede

Augsburgske Bekendelse

- kommenteret

Den uforandrede

Augsburgske Bekendelse

- kommenteret

Finn B. Andersen

© 2018 Finn B. Andersen
Oversat og tilrettelagt: Finn B. Andersen
Forlag: Books on Demand GmbH, København, Danmark
Tryk: Books on Demand GmbH, Norderstedt, Tyskland
ISBN 978-87-430-0239-0

Indholdsfortegnelse

Den Augsburgske Bekendelse - kommenteret

Kirkens bekendelse og dens tekst

Reformationen i Danmark og de nye bøger

Reformationens indførelse i Danmark 1536 foregik med tæt kontakt til teologerne i Wittenberg. Den danske konge, Christian III, bad derfor også Luther om assistance til at gennemføre de nye reformer.

Luther sendte sin ekspert på området, nemlig den tyske reformator Johann Bugenhagen, præst og professor i Wittenberg og Luthers nære, personlige ven. Han var eksperten i opbygningen af nye lutherske kirker. Han var i Danmark fra 1535-37 og med hans bistand fik man udarbejdet Den Danske Kirkeordinans, som grundlag for den nye evangeliske kirke. Kirkeordinansen blev vedtaget i 1539 af kongen og kirkens mænd, efter at have være til godkendelse hos Luther. Så den danske kirke er i høj grad tæt forbundet med Wittenberg og den lutherske reformation.

Kirkeordinansen indeholder ikke direkte nogen symbolforpligtelse. Præsteløftet eller de ord biskoppen pålægger den kommende præst, omtaler kun Den hellige Skrift og evangeliet. Det samme gælder bispeeden. Men helt uden omtale af bekendelsesskrifter er Ordinansen dog ikke. Præsterne får nemlig indskærpet, at de "alene må bruge de bøger", som er godkendt af kirken og får samtidig beskrevet, hvilke bøger, de "skal eje" og bruge i deres tjeneste. Afhængig af hvordan man tæller, nævner Kirkeordinansen 7 eller 8 bøger. Og blandt dem er der to, som normalt nævnes blandt kirkens symboler eller bekendelsesskrifter.

Kirkeordinansens grundbøger

1 Først og fremmest skal præsterne være i besiddelse af en Bibel.
2 Dernæst Luthers Kirkepostil, som han netop skrev, som en vejledning og hjælp for de nye lutherske præster.
3 Melanchthons Apologi, som blev udgivet sammen med Den Augsburgske Bekendelse (derfor 7 eller 8)
4 Lærebogen i dogmatik er naturligvis Melanchthons "Loci", som var den bog Luther af alle roste mest.
5 Til oplæring af ungdommen er det lige så naturligt den Lille Katekismus, der anføres.
6 De sachsiske Visitationsartikler.

7 Kirkeordinansen selv.

Afhængig af om man tæller Apologien som en eller som to, da den også indeholder Den Augsburgske Bekendelse, så nævner Ordinansen altså her 7 eller 8 bøger, hvoraf to normalt henregnes til kirkens bekendelsesskrifter, nemlig Den Lille Katekismus og Den Augsburgske Bekendelse.

Om Luthers katekismus ved vi endda, at man her tænker på den fuldstændige udgave fra 1531 og frem, som indeholder alle seks dele (dvs. De ti Bud, Trosbekendelsen, Fadervor, dåb, skriftemål og nadver). Desuden Den lille dåbsbog og Vielsesbogen som tillæg. Der nævnes nemlig i Ordinansen at gudstjenesten foruden prædikenen også skal indeholde en gennemgang af "de 6 stykker" i Luthers lille katekismus, ligesom ægtevielsen skal foregå "efter den skik og på den måde, som står i Luthers lille Katekismus".

Kongelig forordning fra 1574

Allerede her i Den Danske Kirkeordinans fra 1537-39 møder vi altså en omtale af bøger, som vi normalt opfatter som kirkens bekendelsesskrifter.

Næste gang kirkens bekendelse omtales officielt, er i en kongelig forordning fra 26. juni 1574, hvor præsterne påmindes om at de skal "lære og undervise deris sognefolk efter dend ausborgiske confession". Og 10. juli 1588 udsendes en skrivelse, hvor

Christian IV udtrykker ønske om, at præster, skolemestre og andre lærere vil holde fast ved den hidtidige lære og ceremonierne "effther thend hellige Prophetische och Apostolische schrifft och thend Augborgiske Confession och Ordinantzen".

I disse skrivelser nævnes Den Augsburgske Bekendelse to gange og direkte, hvor den i Kirkeordinansen blot var med som første del af Apologien. I og med Ordinansen også nævnes, bliver de 8 bøger indirekte nævnt igen som de bøger, der indeholder den dansk kirkes hidtidige lære og ceremonier - og som også skal fastholdes i fremtiden ifølge Christian den Fjerdes skrivelse.

Præciseringen i Kongeloven og Danske Lov

Næste sted er Kongeloven fra 1665, hvor Frederik III befaler sine efterkommere at de skal: "Tjene og dyrke den ene rette og sande Gud på den Måde og Maner, som han i sit hellige og sande Ord åbenbaret haver, og Vores christelige Tro og Bekendelse klarligen derom formelder, efter den Form og Måde, som den ren og uforfalsket er bleven foresat og fremstillet udi den Augsburgiske Confession År Et Tusind Fem Hundrede og Tredive."

Kongeloven blev revideret i Danske Lov 1683 under Christian V. I hans rige er der kun én tilladt trosretning. Uden at der direkte sættes navn på denne tro, præciseres indholdet af denne tro således i Danske Lov, Anden Bog, kapitel 1: "Den Religion

skal i Kongens Riger og Lande alleene tilstædis, som overeens
kommer med den Hellige Bibelske Skrift, det Apostoliske,
Nicæniske og Athanasii Sybolis, og den uforandrede Aar et tu-
sind fem hundrede og tredive overgiven Augsburgiske Bekien-
delse og Lutheri liden Catechismo".

Danskernes almindelige religion får navn

Der er ingen tvivl om, hvad det er for en "religion" kongen tæn-
ker på, nemlig den, vi i dag kalder den evangelisk-lutherske.
Selve udtrykket en "evangelisk-luthersk kirke" møder vi i hvert
fald i begyndelsen af 1700-tallet i Tyskland. På dansk grund op-
træder det officielt første gang i en kongelig forordning fra 30.
april 1824. Det er i forbindelse med reglerne for ægteskab mel-
lem en katolik og en, der "bekender sig til Landets almindelige
Religion". Inden et sådan ægteskab skal de kommende ægtefæl-
ler love, at lade eventuelle børn opdrage i "den evangelisk-lu-
therske Kirke". Det samme møder vi i en forordning fra 27. de-
cember 1842, hvor der både tales om "evangelisk-lutherske
Christne" og "den evangelisk-lutherske Kirke", som også her er
"Landets almindelige Religion".

Grundlovens bestemmelser om folkekirken

Med Grundloven af 1849 fik vi religionsfrihed her i landet. Dog beholder kirken en speciel plads som det fremgår af paragraf 4: "Den evangelisk-lutherske kirke er den danske folkekirke og understøttes som sådan af staten."

Ifølge de to kongelige forordninger må udtrykket den "evangelisk-luthersk kirke" siges at være en kendt, officiel, juridisk størrelse. Den evangelisk-lutherske kirke er landets hidtidige almindelige religion, som gennemgik en reformation og fornyelse med Luther i 1536. Og det er altså denne religion, der ifølge Grundloven er den danske folkekirke, som staten understøtter.

Bekendelsen i mini og maxi

Sammenfatter man de forskellige officielle udsagn er denne religion ifølge den korteste definition at finde i Bibelen. Og den tolkes og læres ret, når det sker i lyset af Den Augsburgske Bekendelse. Hertil kan føjes Luthers lille Katekismus og de tre oldkirkelige trosbekendelser - som jo også er nævnt i Augustana. Danmarks almindelige religion som den findes i den evangelisklutherske kirke har sin mest omfattende og vel også smukkeste præcisering i Kirkeordinansen 1537-39, hvor vi har kirkens 7 eller 8 grundbøger: Bibelen, Kirkepostillen, Den Augsburgske Bekendelse med dens Apologi, Melanchthons dogmatik, Luthers Katekismus, Visitatsbogen og Kirkeordinansen selv.

Om nogen af disse gamle forordninger og love stadig gælder og har juridisk gyldighed, er nok svært at afgøre. Og under alle omstændigheder står de jo ikke i nogen modsætning til hinanden. Der er blot tale om mere eller mindre tydelige og omfattende definitioner af den samme tro og religion. Og de forskellige definitioner skyldes især, at de er sagt ind i forskellige situationer. Således er Danske Lovs fem små bekendelser talt ind i en situation uden religionsfrihed, og lovens bestemmelser er en slags mindstemål for, hvad der er tilladt religion. For at en religion var tilladt, skulle den i det mindste opfylde det minimumskrav, de fem bekendelser sætter. Modsat er Kirkeordinansens otte store skrifter snarere et udtryk for den lutherske kirke i sin fylde og i konkret funktion. Det var med disse otte bøger som grundlag, den danske kirkes reformatoriske fædre ønskede at de nye lutherske præster udøvede deres embede.

Den rette udgave af Bekendelse

Hvis man går i detaljer med et par af de nævnte bøger, er der lidt tvivl om, hvilken udgave det helt præcist drejer sig om. Men når det gælder Katekismen kan man i hvert fald se, at Kirkeordinansen tænker på den udvidede udgave, der også indeholder Luthers ritualer for dåb og vielse.

Desuden burde der heller ikke med Den Augsburgske Bekendelse herske nogen tvivl på dansk grund. Kongeloven siger ganske vist blot " thend Augborgiske Confession" uden nærmere definition. Men allerede Danske Lov præciserer, at det drejer sig om "Den uforandrede Aar et tusind fem hundrede og tredive overgiven Augsburgiske Bekiendelse".

Udtrykket den "uforandrede" skyldes, at man fra katolsk side på et tidspunkt begyndte at anfægte lutheranernes religionsfrihed, fordi Melanchthon havde foretaget nogle ændringer i de nye oplag af Bekendelsen. Så var det jo ikke længere den tro, Kejseren havde givet lutheranerne lov til at udøve, mente man fra katolsk side. Derfor var man fra luthersk hold nødt til at definere, hvilken nøjagtig udgave, man bekendte sig til. Nemlig den, som blev overrakt Kejseren på Rigsdagen i Augsburg 1530 og som Melanchthon udgav en tro kopi af samme år (udkom i foråret 1531). Denne trykte originaludgave "Første Udgaven" (på latin: Editio Princeps) er den udgave, man betegner som den "uforandrede".

Kirkens officielle 1817-udgave

I Danmark er vi endda så heldige at have en helt nøjagtig tro kopi af denne bog. Ved reformationsjubilæet i 1817 udgav den danske kirke nemlig på kongens befaling en nøjagtig kopi af Første Udgaven.

Om dette jubilæum hedder det blandt andet i den kongelige forordning (9. april 1817): "Vi Frederik den Sjette, af Guds Nåde Konge til Danmark, osv. Gjøre vitteligt: ... og da det er Os vigtigt, at den christelige Troesbekjendelse, som Dr. Luther ved Reformationen fremkaldte, aldrig skal glemmes, så have Vi og allernådigst ladet foranstalte, at *en nøjagtig Affskrift af den augsburgske Confession* vorder trykt, således som den oprindeligen blev overgivet, i det latinske Sprog; hvoraf eet Exemplar anskaffes til hvert Pastorat, på vedkommende Kirkes eller Kirkers Regning; og som dette forbliver ved Pastoratet, så skulle Præsterne Mand efter Mand dertil være ansvarlige."

Denne "nøjagtige afskrift" af den latinsk tekst fik Sjællands biskop dr.theol. Frederich Münster ansvaret for. Og den blev da også udsendt samme år til alle landets pastorater sammen med en rundskrivelse underskrevet af samtlige biskopper. Heri siges det blandt andet om dette nyoptryk af Bekendelsen: "En ny udgave deraf sendes, ifølge den kongelige Forordning... og skal i Fremtiden opbevares i jeres præstegårde. I denne gyldne lille bog rummes den evangeliske læres kernepunkt."

Augustana indtager førstepladsen

I skrivelsen får vi faktisk også fastsat en rangorden, som nok ikke helt falder i Grundtvigs smag. Biskopperne siger nemlig om Augustana: "Denne bog, som af alle de symbolske bøger, de evangeliske kirker ejer, ubestridelig er den ypperste." Der er kun en, der står over den, nemlig den hellige Skrift, der er "lærens eneste rettesnor". Forholdet mellem Bibel og Bekendelse indgår vel nærmest i en slags symbiose i biskoppernes brev, for bibelen skal samtidig udlægges med bekendelsen som "rettesnor".

Vi har således i Danmark og den danske kirke en autoriseret udgave af *kirkens ypperste bekendelsesskrift*. Og det er den, der bringes her i bogen i fuld længde sammen med en ny dansk oversættelse af Folkekirkens autoriserede latinske udgave fra 1817.

Den ufuldstændige fra 1930

Når der overhovedet kan være grund til at præcisere, hvilken udgave af bekendelsen, det drejer sig om, skyldes det, at der også er en anden i omløb. Det er en udgave, man kunne kalde "Den ufuldstændige" eller ufærdige. Det er en udgave, man konstruerede sig frem til i Tyskland i 1930'erne. Konstruktionen bygger på undersøgelser af nogle håndskrifter, som man tillagde afgørende betydning. Højst sandsynlig drejer det sig dog blot om *tid-lige udkast* til det færdige resultat af Bekendelsen. Vi ved nemlig, at der lige til det sidste blev drøftet og rettet i dokumenterne. Faktisk medførte dette forhold en kras bemærkning fra Kejseren, da forhandlingerne blev udskudt en enkelt dag. Lutheranerne havde nemlig erklæret, at deres bekendelse var klar, men da fremlæggelsen så blev udskudt til dagen efter, ville de lutherske gerne beholde dokumenterne, da de manglede enkelte rettelser. Det brokkede Kejseren sig over - først siger man, at dokumentet er klar til fremlæggelse, og så mangler det alligevel nogle rettelser!

Det kan sagtens være sådanne tidlige udkast, man i Tyskland i 1930'erne er gået i lag med. Og det virker besynderlig, at man 400 år efter Rigsdagen i Augsburg begynder at ændre på officielle kirkelige dokumenter, der foreligger i godkendte trykte versioner. Den Augsburgske Bekendelse har vi i en trykt udgave som forfatteren selv har besørget og som er godkendt ved flere officielle lejligheder af folk, der selv var til stede i Augsburg i 1530.

Leif Granes ufuldstændige oversættelse

Den bedst kendte danske oversættelse, der bygger på denne ufærdige udgave fra 1930, er Leif Granes. Der skal dog tilføjes,

at der ikke er nogen saglig overensstemmelser mellem de for-
skellige udgave, så vidt vides. Men hvorfor skulle vi dog nøjes
med et udkast eller en ufærdige udgave, når vi har den fuldstæn-
dige.

Og i den vigtige artikel 13 om sakramenternes brug, får vi
faktisk nogle vigtige og tydelige præciseringer omkring sakra-
menterne i den færdige udgave. Det gælder blandt andet afvis-
ningen af ex opere operato-læren, at sakramenterne ikke frelser
automatisk blot ritualet bliver udført, men at de må modtages i
tro. Denne lutherske afvisning mangler i 1930-udgaven og der-
med også i Granes oversættelse. Det er jo ikke en uvæsentlig
detalje.

Om oversættelsen af artikel 13

Artikel 13 i den nye oversættelse

I den nye oversættelse lyder artikel 13 sådan:

"Om sakramenternes brug lærer de, at de ikke er indstiftet blot for at være ydre kendetegn blandt mennesker, men meget mere for at være tegn og vidnesbyrd om Guds sindelag mod os. Indstiftet for at vække og styrke troen i dem, der bruger sakramenterne. Derfor bør sakramenterne bruges sådan, at troen kommer til. Den tro, der tror *de løfter, der gives og tydeliggøres* i sakramenterne.

De fordømmer derfor dem, der lærer, at sakramenterne retfærdiggør blot ritualet udføres og som ikke lærer, at der ved brugen af dem fordres en tro, der tror, at synderne forlades."

Sakramenterne som udstilling eller nådemidler

Det er de fremhævede ord, der volder problemer, når de skal oversættes fra den latinske grundtekst. Helt præcis gælder det ordet, der her er oversat med "gives". Det er en oversættelse af det latinske ord "exhibeo", der har grundbetydningen: holder ud, holder frem, giver, udleverer - og afledt: fremviser, viser, opfører (dannet af "habeo": - har, holder, bærer, ejer).

Vi kender ordet på dansk i "ekshibitionisme" som beskrives som en sygelig trang til at blotte sig. Hvornår det er sygeligt og om det er sygeligt er der sikkert ikke enighed om, men det er i hvert fald noget andet end bare at udstille sig nøgen. Man er ikke automatisk ekshibitionist fordi man er nudist. Ekshibitionisten vil i kontakt med et andet menneske, ganske vist ikke fysisk, men visuelt og psykisk. Nudisten færdes blot uden tøj og kan betragtes af andre, hvis de vil, mens ekshibitionisten blotter sig over for bestemte personer for at skabe en seksuel kontakt, selvom den kun foregår på et psykisk plan.

Engelsk stipendiat eller dansk blotter

På engelsk bruger man derimod også ordet i sin grundbetydning. "Exhibition" kan være en udstilling, men det kan også være et stipendium, og en "exhibitioner" er betegnelsen for en stipendiat, hvorimod en blotter på engelsk hedder en "exhibitionist". Så det er ikke ligegyldigt om man i England er en exhibitioner eller en exhibitionist. Det er fint af være exhibitioner på Oxford, men det er ikke så fint at være exhibitionist samme sted.

Denne forskel i betydningen af det latinske ord er vigtig for oversættelsen og forståelsen af artikel 13. Bliver nåden *reelt skænket* i nådemidlerne eller bliver de blot vist frem, udstillet. Er det en guddommelig udstilling eller er det en guddommelig gaveuddeling - *et nådestipendium*? Hvilken opfattelse ønsker Melanchthon, Luther og deres fæller at formidler i artikel 13?

Forskellige oversættelser - på tilbud

Ja, i hvert fald kan man se, oversætterne har forsøgt sig med forskellige ord. For eksempel bruger Leif Grane og Peder Nørgaard-Højen, som følger Granes oversættelse ordet "tilbyde", som også bruges i Johs. Feveile og Max W. Olsens udgave fra 1955. I dag har dette ord nok en for svag klang til at være dækkende, med alle reklamerne med ugens tilbud - der måske er væk, når du kommer. Ganske vist kan der også stadig være mere substans i et tilbud, hvis det er en håndværker, der giver et (eventuelt skriftlig) tilbud eller hvis man får tilbudt en bedre stilling. Men generelt har ordet nok fået en for svag klang, der ikke længere dækker sagen.

Regin Prenter takker nej til ugens tilbud

En autoritet som Regin Prenter, der bekræfter at det latinske ord har grundbetydningen "bringe ud til", "skænke", siger da også i sin bog Kirkens lutherske bekendelse: "Når ordet anvendes i forbindelse med forjættelse, er der tale om mere end et tilbud. Ordet "tilsige" ville her være mere dækkende end "tilbyde"."

Dynamiske udtryk i overvægt

En anden mulighed er Biskop Nic. Balles oversættelse fra 1817, som bruger ordet "frembydes". Og udgaven af Oluff Jacobsøn fra 1618, der er blev genoptryk flere gange, har "tilbæres". Og Rudelbach vælger i sin udgave i 1825 "meddeles". Og endelig har vi i Caspari og Johnsons dansk-norske oversættelse af hele Konkordiebogen, Christiania 1882, ordet "rækkes".

En nyere norsk har "løftene som blir gitt og framvist ved sakramenterne". Og den amerikansk fra 1921 "are offered and set forth".

Den overvejende del af oversætterne har således valgt ord, der dækker en reel gaveoverdragelse. Det er ord som meddele, række, give, tilbære. Guds nåde udstilles ikke blot. Der sker en reel transport fra én person til en anden. Nåden rækkes over, holdes ud, bæres frem, gives over, meddeles, distribueres.

Det er da også denne dynamiske betydning af ordet Melanchthon selv anvender i bekendelsen. Ordet "exhibeo" optræder nemlig ikke kun i artikel 13, men bruges i alt seks gange. Og i modsætning til artikel 13, hvor der desværre ikke er en direkte parallel tekst, så er der det de andre fem gange. Første gang er i selve titlen, hvor der står at bekendelsen blev "exhibita" til Kejseren på rigsdagen i Augsburg. I den tyske udgave står der "überantwortet" samme sted, altså "overgivet". Den bekendelse som kejseren udtrykkelig havde bedt om at få skriftlig på latin og tysk, fik han helt bogstavelig overrakt og tog med sig - og det er altså samme ord, der bruges i artikel 13. Samme vending som i titlen gentages to gange i afslutningen.

I art. 8 bruges ordet igen, når det hedder: "Ord og sakramenter er virksomme på grund af Kristi indstiftelse og befaling, selvom de "exhibeantur" af onde". Her har den tyske paralleltekst "gereicht werden" altså rækkes, gives.

Det sidste sted er i art. 24, hvor det hedder: "Dette er at ihukomme Kristus, at ihukomme hans velgerninger og tro, at de virkeligt gives os (vere exhibeantur nobis)." Det vil jo ikke give nogen mening at sige her, at Kristi velgerninger "virkelig vises os". Nej, de skænkes og gives os virkelig. Eller som det siges i den tyske tekst om Kristi nåde, at den tilsiges os ("zugesagt ist" - Zusage som substantiv betyder: tilsagn, løfte). Det er her Prenter kan hente støtte for sit forslag.

Bekendelsens eget syn på sakramenternes virkning

At der altså sker en virkelig gaveoverdragelse og ikke blot en udstilling fremgår også med al ønskelig tydelighed i artikel 5, hvor det umisforståeligt siges, at "Helligånden gives ved ord og sakramenter som midler." Det er det latinske "donare", som vi har på dansk i en donor (f.eks. bloddonor) og at donere noget til et godt formål, osv. I den tyske tekst står "gibt" (durch Mittel den heiligen Geist gibt).

I selve Bekendelsen er der altså i den tyske tekst en række ord, der dækker en reel overdragelse af et åndeligt gode og ikke blot en fremvisning og udstilling. Det er ordene: zusagen, reichen, überantworten, geben - tilsige, række, overgive, give.

Det er da også de ord og oversættelser, der bedst beskriver selve sagen, som er klar og tydelig både hos Melanchthon og Luther.

Ordene må dække det saglige dogmatiske indhold

I sin dogmatik siger Melanchthon således, at Gud har indstiftet et embede "til at forlade synden og uddele forladelse ved sakramenterne" (Instituit autem Deus in Ecclesia ministerium remittendi peccata et distribuendi remissionem per Sacramenta). Syndernes forladelse distribueres altså helt konkret via sakramenterne.

Nøjagtig samme syn har Luther. I sit skrift "Om nøglemagten" fra 1530, som han netop skrev, mens resten af teologerne befandt sig i Augsburg, siger han, at det, der sker i sakramenterne og når evangeliet bliver forkyndt til få eller mange, er lige så konkret og virkeligt som, *når en konge skænker en person et slot*: "En konge giver dig et slot, tager du ikke imod det, så har kongen dog derfor ikke løjet eller fejlet, men du har bedraget dig selv, og skylden er din; kongen har visseligt givet det." Der foregår altså en *helt konkret og virkelig gaveoverdragelse* ifølge Luthers opfattelse. Derfor kan han også i samme forbindelse kalde nådemidlerne for "Executores, evangeliets udøvere, dets fogeder".

Sakramenterne giver løfter og skænker nåde

Ud fra denne analyse gengiver den nye oversættelse artikel 13 med ordet "give", da det både dækker reformatorernes mening og sprogbrug, og på dansk passer godt sammen med ordet "løfte". Et løfte giver man.

Bekendelsen kommenteret

Bekendelsesskrifterne og det at bekende

Ingen kan sige: Jesus er Herre! undtagen ved Helligånden. Sådan begynder Paulus sin undervisning om nådegaverne i 1 Kor 12, 3. På spørgsmålet om, hvem disciplene mener, Jesus er, svarede Peter: Du er Kristus. Disse meget korte og tidlige trosbekendelser viser, at den kristne bekendelse er en bekendelse til Jesus som verdens frelser og at denne bekendelse er båret frem af Helligånden.

Formålet med bekendelsen er først og fremmest ens egen og andres frelse. Med munden bekender man til frelse (Rom 10, 10). Når den ængstede samvittighed drevet af Ånden sætter Kristi kors op mod Guds dom og vrede over synden, da bekendes der til frelse. En sådan bekendelse er samtidig en bekendelse til Gud Faders ære.

Allerede fra første færd blev denne bekendelse imidlertid modsagt. Johannes må derfor i sit Første Brev (4, 3) advare mod dem, der ikke bekender Jesus. Og Paulus udtaler forbandelse over dem, der forkynder et anderledes evangelium.

Bekendelsen har således både et positivt sigte, nemlig i menighedens sammenhæng at bekende Jesus til Gud Faders ære og menneskers frelse, og negativt, at værne mod vranglære.

Bekendelsesskrifter

For at bevare evangeliets sandhed mod forskellige vranglære føjedes der efterhånden flere led til de første korte bekendelser fra NT. Bedst kendt er de tre oldkirkelige bekendelser (den Apostolske, Nicænske og Athanasianske), som er med til at danne bekendelsesgrundlaget i folkekirken og som bruges i gudstjenesten.

Disse tre oldkirkelige bekendelser kaldes undertiden økumeniske, da de anerkendes af alle kristne kirkesamfund i modsætning til Den Augsburgske Bekendelse, som er speciel luthersk. Dette er dog ikke helt præcist. De tre oldkirkelige anerkendes ganske vist af næsten alle, men ikke uden undtagelse. Og Den Augsburgske Bekendelse hævder selv udtrykkelig at stemme fuldstændig overens med den ene, sande kirke. Den beskriver rigtig nok, hvad lutheranerne lærer i Wittenberg, men den hævder samtidig at denne lære er den gamle, bibelske, og at det er Pavekirken, der har forladt kirkens gamle lære - ikke lutheranerne.

Hvis man ville lege lidt med ordene, kunne man derfor med god ret kalde Augustana for en luthersk-katolsk bekendelse.

Forholdet mellem Bibel og bekendelse

Bibelen er åbenbaringskilden og bekendelsen alene afledt deraf. Bibelen står derfor over bekendelsen, da denne henter sit indhold fra Bibelen. Hvis et udsagn i et bekendelsesskrift viser sig at være i strid med Bibelen, må dette udsagn rettes. Samtidig står bekendelsen over den enkelte kristnes subjektive tolkning af Bibelen. Ja, endda over den ligefremme ordlyd af et enkelt Bibelvers. *Bekendelsen er nemlig Bibelens samlede lærer om en sag.* Trosartiklerne er så at sige et koncentrat af Bibelens samlede lære. Når vi derfor prøver vor tolkning ved hjælp af bekendelsen, er det blot det samme som, hvis vi prøver et enkelt vers ud fra resten af Bibelen. Det er denne tankegang, vi blandt andet møder i Kirkepostillen, hvor Luther siger: "Hvor Kristi ord ikke åbenbart strider mod nogen trosartikel, skal man lade dem gælde, som de lyder".

I øvrigt er det ingen skam i Grundtvigs fædreland at holde sig til menighedens bekendelse, hvis man ikke lige selv har styr på alt i Bibelen. Indtil andet er bevist, holder vi os troskyldigt til vor lutherske fædre.

Alle bøgerne findes nu i nye oversættelser i Den store Lutherserie.

Menneskets vilje over for Guds

Om den treenige Gud og det syndige menneske. Og om forholdet mellem Guds vilje og vores.

Tre virkelige personer

Den Augsburgske Bekendelse indleder med at tilslutte sig old-kirkens bekendelse til den treenige Gud. Tre personer i ét guddommeligt væsen. Man anvender ordet "person" nøjagtig, som vi gør i dag, så det betegner "ikke en del af en anden eller en egenskab ved en anden, men en, der består ved sig selv".

På reformationstiden forsøgte Michael Servetus at afsvække treenighedslæren, ved at henvise til at ordet "person" oprindelig stod for skuespillerens maske eller rolle. Denne brug af ordet blev skarpt tilbagevist fra både reformert og luthersk hold. Melanchthon gør det i sin dogmatik fra 1543, hvor han præciserer, at ordet betegner et "udeleligt, selvstændigt jeg".

Man anvender altså den almindelige sprogbrug, som svarer til den nudanske, men viser så det specielle ved de tre personer i treenigheden. Hvor én person er, er de to andre også. Alle tre personer er lige i alder, kraft og herlighed. Og vigtigst af alt: de har alle tre samme vilje og hjerte - som Luther beskriver som brændende kærlighed.

Syndens ophav

I forlængelse af treenighedslæren rejser der sig imidlertid et spørgsmål om, hvor det onde i tilværelsen og i menneskets natur kommer fra. For når der kun er én Gud, hvis væsen er fuldkommen kærlighed og godhed, hvor stammer det onde så fra? Eksisterer der en eller anden ond modgud?

Artikel 1 i bekendelsen afviser den tanke, at der skulle eksistere to guder eller principper, et ondt og et godt. En tankegang, vi møder i megen filosofi og religion i dag. Nej, der er kun én Gud, som har skabt alt, hele universet med alle englevæsener og mennesker.

Svaret på spørgsmålet må vi søge i disse skabningers misbrug af den personlighed og frie vilje, som de er skabt med. "Syndens årsag er Djævelens og de ugudeliges vilje", hedder det i artikel 19. Gud har ganske vist skabt og opretholder engle og mennesker, men synden er hverken hans idé eller ønske. Planen med personlige, frie skabninger var, at de i frivillig kærlighed skulle dyrke og elske Gud. Samtidig bestod der så også den mulighed, at de kunne misbruge denne frihed og selvstændighed. Men det var hverken Guds vilje eller plan - eller noget han havde forudbestemt!

Faldet og fortabelsen er ikke forudbestemt

Med dette syn adskiller reformatorerne sig fra Zwingli og Calvin. I sin dogmatik fra 1559 lærer Calvin, at Gud både har bestemt og villet syndefaldet, og har bestemt, at ikke alle skal frelses. Det er først efter Luther død, disse tanker fremkommer. Zwingli gjorde sig allerede bemærket på selve rigsdagen i Augsburg i 1530, hvor han indleverede sin egen bekendelse. Heri fremhæver han Guds suveræne forudbestemmelse af alt, som ikke tager hensyn til menneskets vilje og valg.

Mod dette bekender reformatorerne, at mennesket er skabt som en selvstændig person, hvis frihed Gud respekterer og tager hensyn til både før og efter syndefaldet. Mennesket er ikke en på forhånd programmeret robot og Himlen fyldes ikke af mennesker, hvis vilje Gud har udraderet med sin almagtshånd.

Som Luther siger det i 1530: "Gud vil ingen tvungne tjenere have. Meget mindre vil han give nogen noget uden deres accept".

Mellem katolikker og calvinister

Den lutherske kirke placerer sig på Bibelens grund med katolikker og calvinister på hver sin side. Modsat den katolske kirke fastholder man det faldne menneskes trælbundne vilje i åndelige ting (artikel 18). Vi er født med arvesynd, der ifølge artikel 2 er "virkelig" synd. Vi ikke alene fødes ind under den *skyld,* der hviler på menneskeheden på grund af Adams fald. Vi fødes også med en *syndig natur,* der vender ryggen mod Gud. Reformatorerne skelner her mellem "appetit" og "begær". Vi er skabt med en naturlig appetit på livet, mad, det modsatte køn og Gud. Ved faldet blev denne appetit imidlertid besmittet af det onde begær, der først og fremmest søger sit eget i alt. Denne front er tydeligst i begyndelsen af reformationen og når sit højdepunkt i Luthers skrift "Om den trælbundne vilje".

Omkring 1530 og frem får vi så den anden front med afstandtagen fra Zwinglis og Calvins syn (og Augustins), hvor menneskets vilje og selvstændighed er sat fuldstændig ud af spillet til fordel for Guds suveræne almagt. Mod dette hævder de lutherske reformatorer Guds universelle frelsesvilje, som indebærer, at Gud virkelig og seriøst ønsker og vil, at alle mennesker skal frelses. At alle så rent faktisk ikke bliver det, skyldes ene og alene at mennesket misbruger sin vilje og fastholder sin modstand.

Af fødsel og natur er vi alle fjendtlig stemt mod Gud. Derfor må Gud komme til os og skabe trostillid i vore hjerter. Denne nådevirkning sker dog ikke på uimodståelig måde, da det ville smadre vor personlighed og gøre os til viljeløse robotter. At nogle afviser Guds frelsesindbydelse, skyldes ikke Gud, men det enkelte menneske. Guds kald og nåde er lige reel og seriøs over for enhver. Helligåndens trosskabende effekt er ikke større eller mere alvorlig ment hos den ene end hos den anden. Forskellen ligger ene og alene i det faktum, at vi er skabt som frie person-væsener med mulighed for at afvise Guds seriøse frelsestilbud.

Dette syn med den nye front får sit tydeligste udtryk i Melan-chthons dogmatik fra 1535 og i de senere Lutherskrifter. De vig-tigste af disse tekster er samlet og oversat i "Martin Luther. Guds frelsesvilje og det evige nådevalg". Her har man blandt andet en udtalelse fra 1539, hvor Luther siger: "Årsagen til at Gud udvæl-ger én og ikke en anden, skal man søge i mennesket, ikke i Guds vilje. For Guds løfter er universelle. Han vil, at alle skal frelses. Derfor er skylden ikke vor Herre Guds, som giver løfterne, men deres, som ikke vil tro".

Nordiske teologer fastholder valgets mulighed

Dette lutherske syn finder vi også hos betydelige teologer i nyere tid, således i Hallesbys "Utvelgelsen", hos Rosenius og Regin Prenter. Lad os her blot nøjes med at citere de to sidste.

I "Kirkens tro" fremhæver Prenter vor valgmulighed, når Ån-den ved evangeliets forkyndelse virker på hjerterne: "Gud kan ved sit evangelium og sin Ånd frigøre denne trælbundne vilje til at tro ham glad og gerne. Dog kender NT den gåde, at et menne-ske kan sige nej til Guds evangelium og Guds Ånd". Prenter for-klarer denne gåde med troens væsen, som er "personlig og fri-villig" (s.228).

I sin artikel "Om det evige nådevalg" siger Rosenius: "Indbydelsen går ud. Der graves og gødes om træet. Gennem dette får mennesket en evne, en anledning, som det ikke før havde, til at vælge mellem døden og livet, og først da afgør det ved den stilling, det indtager, sin evige skæbne. Nu siger Paulus så, at Herren i sin alvidenhed har forudset, hvem der modtager nåden. Ikke udset, men forudset. Og det er disse, Gud i kraft af sin forudviden fra evighed har forudbestemt til at blive hans Søns lige" (Samlede Skrifter V, s.133).

Samtidig med at man fastholder det faldne menneskes bundne vilje, lærer man altså, at vi i omvendelsen sættes ind i en ny situation med et reelt valg, hvis udfald ikke på forhånd er givet. Da Gud er hævet over tid og rum, og alt ligger blottet for ham i ét eneste nærværende nu, kender han imidlertid udfaldet af dette valg, hvis mulighed han selv har givet - og det har han taget med ind i sin frelsesplan.

Udvælgelsens grund er Kristus og troen

Udvælgelsen af enkeltpersoner til frelse fra evighed af er ikke et paradoks, hvis grund vi ikke kender. Ifølge Bibelen er udvælgelsens grund Kristus og troen. Vi er udvalgt i Kristus ved tro (Ef 1, 4).

Det er især Melanchthons fortjeneste, at have påvist den nøje parallel mellem udvælgelsen og retfærdiggørelsen. "Man bør ikke søge anden årsag til forudbestemmelsen end til retfærdig-gørelsen", hedder det i dogmatikken fra 1535. Nådevalget og ret-færdiggørelsen stemmer overens på samme måde som en plan og dens udførelse. Gud har ikke bestemt ét fra evighed af for så at udføre noget andet her i tiden. Som vi retfærdiggøres på grund af Kristus og ved tro, således er vi også udvalgt af Gud fra evig-hed af. Både Kristus og troen indgår som årsag i Guds udvæl-gelse. Og vel at mærke en tro, som Gud gerne skænker enhver. Vi er udvalgt efter Gud Faders forudviden om disse ting, siger Peter i sit Første Brev 1, 2. Udvælgelsen er betinget både af Kri-sti soningsdød og af menneskets forhold til denne.

Selv om vi ikke med vor forstand kan fatte, hvordan Gud fra evighed af kan tage hensyn til en tro, der først bliver til her i tiden, så kender vi altså udmærket nådevalgets præmisser.

Desuden er det vigtigt, såvel i vore overvejelser som i anfæg-telse, at vi altid holder fast ved, både at Guds frelsesvilje er uni-versel og at evangeliet er gratis. Ingen er på forhånd udelukket fra frelsen ved en tilfældig og blind udvælgelse, og ingen er for uværdig til nåden.

Uenighed om nådevalget blandt lutheranerne

I Nordamerika var der sidst i 1800-tallet en længere strid om, hvem der tolkede reformatorerne rigtigst på dette punkt. Om det var dem, der lagde vægten på Luthers tidlige skrifter eller om det var dem, der fulgte den præcisering, som fremkom omkring 1530 og som svarer til det, vi så hos Prenter og Rosenius.

De fleste lutherske menigheder sluttede efterhånden op omkring det syn, der ligger i forlængelse af Rosenius. Konkret tilsluttede man sig Erik Pontoppidans formuleringer i "Sandhed til Gudfrygtighed", hvor svaret på, hvad udvælgelsen er, lyder: "At Gud har beskikket alle dem til det evige liv, som han af evighed har set ville antage den tilbudte nåde, tro på Kristus og i denne tro blive bestandig indtil enden" (sp.548).

Især Missouri-synoden mente dog, at dette syn let fører i synergistisk retning ved at tillægge menneskets vilje en for stor plads. Modsat blev de selv kritiseret for at lægge så megen vægt på Guds almagt og menneskets afmagt, at de ingen plads fik til menneskets valg i omvendelsen og reelt stod i fare for at fornægte Guds universelle frelsesvilje. Deres megen tale om hemmeligheder og paradokser i denne forbindelse var med til at problematisere hele spørgsmålet på en uholdbar måde.

Begge syn findes i dag i de danske vækkelsesbevægelser, både Missouris syn, der lægger vægten på Luthers tidlige skrifter, som man tolker i augustinsk retning og det pontoppidanskrosenianske, der følger den præcisering og afklaring, der fremkom hos reformatorerne i 1530'erne som følge af den nye front mod Zwingli og Calvin.

Når det derfor i artikel 5 i Augustana hedder, at Gud virker troen "når og hvor han vil", så må vi ikke tolke dette knappe udtryk i modstrid med reformatorernes egen mening. Modsat Augustin og Calvin lærer reformatorerne, at Gud ikke giver sin nåde på uimodståelig vis.

Det vil heller ikke være rigtigt, at tolke udtrykket, så der opstår tvivl om nådemidlernes virkning. Man kan ikke bruge dette udtryk til f.eks. at problematisere genfødelsen i dåben. Ifølge Luther selv bliver alle børn genfødt i dåben. Netop fordi Helligånden altid virker troen i barnet, som ikke yder hårdnakket modstand - hvad en voksen kan.

I øvrigt viser Luthers dåbssyn tydeligt, at Rosenius og Pontoppidan tolker Luthers syn på udvælgelsen ret. Grunden til at alle børn bliver genfødt i dåben skyldes netop Guds universelle frelsesvilje, som barnet ikke yder nogen modstand. Og når alle voksne ikke bliver genfødt og kommer til tro i dåben skyldes det alene, at de kan yde hårdnakket modstand.

Udtrykket "når og hvor Gud vil" forstås altså bedst som reformatorernes modspil til det katolske "ex opere operato" (: blot ritualet udføres). Hvor retninger inden for den katolske kirke lærte, at sakramenterne skænker nåden blot ritualet bliver udført og uafhængig af tro, vil reformatorerne med deres udtryk pointerer, at nåden kun kan modtages i den tro, som kun Gud kan

skænke og som vi derfor må bede om. - Men som han skænker
glad og gerne.

Kristus og hjertets fremmede retfærdighed

Om Kristi forsoning og troens retfærdighed

Med læren om menneskets retfærdiggørelse ved tro alene er vi ved den artikel, om hvilken Luther i sin kommentar til Salme 130 siger: "Står denne artikel, så står kirken, falder den, så falder kirken med" (WA 40 III, 351). Og i Apologien, som er det tilhørende forsvarsskrift for Augustana, hedder det, at dette er "den vigtigste artikel i den kristne lære".

Den kendte formulering, at det er "den artikel hvormed kirken står eller falder", findes ikke fuldstændig ordret hos Luther, men stammer fra den reformerte teolog Heinrich Alsted og hans bog "Theologia scholastica didacta" fra 1618 (articulus stantis et cadentis ecclesiae, s. 711).

Den lutherske lære om forsoning og retfærdiggørelse behandles især i artikel 3, 4, 5, 20 og 24.

Det endegyldige sonoffer

Forudsætningen for menneskets retfærdiggørelse for Guds domstol er Kristi frelsergerning. Ifølge bekendelsen er den altomfattende og total. Med henvisning til Hebræerbrevet 10, 10 og 14 fastslår man kort og præcis, at Kristi død er betaling "ikke alene for arvesynden, men også for alle menneskers aktuelle synder" (art. 3 og 24). Man afviser direkte en katolsk opfattelse, der læ-rer, at Kristus kun har gjort fyldest for arvesynden og at vor egne aktuelle synder må udslettes ved Kristi gentagne offer i messen. Nej, ikke alene den skyld, vi har arvet fra Adam, men også den skyld, vi selv har pådraget os i vort liv, har Kristus betalt for.

Genstanden for denne betaling er Faderen ("Faderen forso-nes", art. 20). I den tyske tekst præciseres det, at det gælder "Guds vrede" (art. 3). Betalingsmidlet er "Kristi død" (art. 4), som kaldes et "offer" (art. 3) og et "sonoffer" (Apologien 24). Det sidste udtryk er en oversættelse af et ord, der kun findes to gange i NT nemlig i Hebræerbrevet 9, 5, hvor det helt bogstave-lig betegner sonedækket på pagtens ark og i Romerbrevet 3, 25, hvor det bruges om Jesus og er oversat med sonoffer.

I Apologien får vi samtidig en definition på, hvad et sonoffer er, og altså hvori Kristi gerning består. Der hedder her: "Et son-offer er en handling, der fyldestgør for skyld og straf, dvs. som forsoner Gud, eller Guds vrede eller skaffer syndernes forladelse til andre". Og man konkluderer, at der i virkeligheden kun har været ét eneste sonoffer i verden, nemlig Kristi død.

Stedfortrædende lovopfyldelse

At Kristi gerning i bekendelsen først og fremmest beskrives med ord som offer og sonoffer, udelukker på ingen måde, at Kristus også har holdt og opfyldt loven i vort sted. Både før og efter rigsdagen i Augsburg lærer Luther dette.

I fortalen til Kirkepostillen hedder det således i forbindelse med Luthers klare skelnen mellem Kristus som gave og som eksempel netop, at "Kristus selv med det han gør og lider, er din". Og det må vi sætte vor lid til "ganske som om du selv havde gjort det".

I sine fem teserækker fra 1538 over Rom 3, 28 sætter Luther direkte Kristi gerning ind i et lovskema. I teserække to hedder det, at den, der vil gå ind til livet, må holde Guds bud (tese 67). Men ingen hellig har nogensinde gjort eller kan gøre det (56). I Kristi gerning har vi imidlertid "et sikkert og troværdigt eksempel på opfyldelsen af loven" (74). Kristus "var lydig mod Faderen for os" (80). Her har vi en gennemført og tydelig beskrivelse af Kristi gerning som en stedfortrædende lovopfyldelse.

Befrielse gennem forsoning

I den stærke fremhævelse af Kristi stedfortrædende lovopfyldelse og straflidelse under Guds vrede må vi imidlertid ikke glemme det aspekt, som Luther især har fremme i sin lille Katekismus og i sine prædikener, nemlig at Kristi gerning også er Guds mægtige *befrielseshandling*, der river os ud af det fangenskab, som synden, døden og Djævelen holdt os i.

I den grundigere forklaring i den store Katekismus er begge motiver samlet, både befrielsen og forsoningen. De to motiver supplerer hinanden og understreger afgørende aspekter i Kristi frelsesgerning. Befrielsesaspektet er med til at fastholde, at frelsen skyldes Guds indgriben. Det er Gud, der er det handlende subjekt, der i kærlighed til os mennesker, tager kampen op mod de magter, der vil skade os.

Vort nuværende fangenskab under fordærvsmagterne er jo ikke Guds oprindelige og gode plan med menneskeslægten. Det skyldes derimod Djævelens sabotagehandling. Det var ham, der bragte os under ulydighed, synd, død og al ulykke, så vi kom under Guds vrede og unåde, som Luther siger det i sin Katekismus. Guds vrede er således ikke en evig egenskab i Guds væsen på lige linje med hans kærlighed, men er først fremkaldt ved Djævelen og vor egen ulydighed. Og det er Guds kærlighed, der er den bevægende årsag til hans mægtige befrielsesaktion. Karakteristisk for den lutherske teologi i modsætning til den calvinske er netop, at hvor de ønsker at understrege Guds hellighed, så fokuserer Luther på Guds kærlighed, som er det inderste i Guds væsen.

Men fordi den skyld, vi har pådraget os over for Gud, er den lænke, der holder os fanget under Djævelen, så indbefatter Jesu befrielseshandling også forsoning. Jesus må selv opfylde vor forpligtelse og lide vor straf, så at skylden slettes ud. Der er ingen anden måde, hvorpå ondskabsmagternes tyranni kan brydes. Og det drivende motiv er den guddommelige kærlighed. (Se

Prenters klargørende note i Luthers Skrifter i Udvalg, Århus 1980, bind 2, s. 234, note 56).

Retfærdiggjort af tro

Kristi stedfortrædende frelsergerning, der befrier os fra Djævelen ved at sone vor skyld, bliver vor personlige ejendom ved tro. Denne altomfattende og totale frelse, som er tilvejebragt uden for os af en anden, kommer Gud selv og skænker os gennem ord og sakramenter (art 5). Ved ordet om den fuldbragte frelse vækker Gud troen i os, så vi griber Kristus og hans frelse. Og netop denne tro, der griber Kristus, regnes af Gud til retfærdighed. Der er altså ikke tale om nogen verdensretfærdiggørelse i bekendelsen eller en retfærdiggørelse af syndere ud i det blå. Det er alene den synder, der gennem forkyndelsen af lov og evangelium, griber om Kristi frelse, der regnes retfærdig for Guds domstol. Kristi korsdød er altomfattende og forkyndelsen af syndernes forladelse er universel, men det er alene den, der griber om frelsen, der erklæres retfærdig. Og som det fremgik af forrige artikel, så har Gud ikke udelukket nogen fra dette på forhånd ved en eller anden hemmelig beslutning. Gud vil, at alle skal frelses. Derfor skal vi heller ikke gemme hænderne passivt under armene, men med udstrakte arme og glæde omfavne Guds Søn, som Luther siger det i de førnævnte teser (1, 22).

Uden for os og dog i os ved troen

At vor retfærdighed er en fremmed retfærdighed, der er tilvejebragt uden for os af en anden, er dog ingen modsætning til, at den tager bolig i os ved troen. Ordene uden for / i os refererer til to forskellige planer. Udtrykket "uden for" understreger, at frelsen er tilvejebragt uden vor medvirken. Ved troen tager Kristus imidlertid bolig i os med sin frelse, så det bliver vor personlig ejendom. Dog ikke som en del af vor natur. Så i en vis forstand forbliver frelsen altid "uden for" os, selv om den er i os ved troen.

I sin store kommentar til Galaterbrevet siger Luther i forbindelse med kapitel 2,16, at han også antager en iboende retfærdighed i hjertet, men det er troen og ikke kærligheden, som katolikkerne mener. Og vel at mærke den tro, der udelukkende ser hen til Frelseren Kristus. Det er altså Kristus, som troen favner og som bor i hjertet, der er den kristnes retfærdighed.

Da den lutherske teolog Andreas Osiander forsøgte at tolke denne Kristi iboen som om det egentlig var vor forening med Kristi guddommelig natur, der var vor retfærdighed, blev det afvist af både Luther og Melanchthon. Det er netop den én gang for alle fuldbragte frelse uden for os, der er vor iboende retfærdighed ved troen.

Noget andet er så, at reformatorerne var omhyggelige med at pointere, at den frelsende tro altid er en levende tro, der bringer

Helligånden med sig, som frembringer et nyt liv med gode frugter. Men det er ikke derfor, at troen retfærdiggør. Det skyldes alene, at den griber den fuldbragte frelse.

Samtidig afviser man også den katolske forståelse, at troen retfærdiggør fordi den er begyndelsen eller forberedelsen til retfærdiggørelsen, således at det egentlig ikke er ved selve troen, vi bliver Gud velbehagelig, men ved de gerninger, der følger efter. Nej, troen er både begyndelsen, midten og slutningen, ja alt i retfærdiggørelsen, fordi det alene er den, der griber Kristus.

Aktuelt

På baggrund af flere års samtaler mellem katolikker og lutheraner udsendte man en fælles erklæring om retfærdiggørelseslæren, hvor man angiveligt skulle have nået frem til så stor enighed, at der ikke længere er grund til adskillelse mellem de to kirkesamfund. Dette har været omtalt i pressen. I dokumentet fastslår man, at der er to aspekter i retfærdiggørelsen, nemlig at vi både erklæres og gøres retfærdig. Eller at der både sker en ikke-tilregning af synden og at Helligånden skaber en aktiv kærlighed i os. Det hedder at den retfærdiggørende tro omfatter kærlighed til Gud.

Dokumentet minder meget om et lignende forsøg på at forene de to kirkesamfund, som man gjorde i Regensburg i 1541. Dengang blev det afvist af Luther med den begrundelse, at der var tale om en kunstig enighed, hvor man blot havde "sammenlimet" to uforenelige syn, som man så stadig kunne tolke i hver sin retning. Melanchthon kritiserede også den tvetydige trosforståelse, der kom til udtryk, når man udtalte, at retfærdiggørelsen sker "ved en kraftig og virksom tro". Derved gives der rum for en sammenblanding af tro og gerninger.

Den virksomme tro og Guds bud

*Om forholdet mellem tro og gode gerninger. Og om den kristnes
nye lydighed i lyset af De Ti Bud.*

Den Augsburgske Bekendelses lære om det kristne liv har sit
udgangspunkt og fundament i retfærdiggørelseslæren. Gud, der
ønsker at frelse alle, lader evangeliet lyde i hele verden. Ved
dette budskab er Helligånden virksom på hjerterne, så troen
vækkes til at gribe Kristi frelsergerning. Denne tro, der finder
hvile fra lovens anklage i det fuldbragte værk uden for os, regnes
af Gud til retfærdighed. Som der står i artikel 4: "Denne tro lader
Gud gælde som retfærdighed for sig".

Troen, der finder trøst og hvile hos Kristus, er samtidig i sig
selv et helt nyt forhold til Gud. Gud er nu ikke længere vor
fjende, som vi flygter fra. Erkendelsen af det faktum at Gud el-
sker os så højt, som forsoningen viser, vækker genkærlighed i
vore hjerter. Samvittigheden, der før holdtes fangen under lo-
vens anklage, befries nu fra denne lænke ved troen på syndernes
forladelse. Selve evangeliets trøst har altså en befriende og hel-
bredende virkning i vor samvittighed og personlighed. Så tæt er
forbindelsen mellem troen på syndernes forladelse og de gode
gerninger. Mellem retfærdiggørelse og helliggørelse. Troens til-
lid til Kristus er både kernen og drivkraften i det nye liv. Retfær-
diggørelse og helliggørelse er to sider af samme sag. Det er hen-
holdsvis indersiden og ydersiden af troens trøst i hjertet. Om

evangeliets trøst hedder det netop i Apologien: "Denne trøst er et nyt og åndeligt liv".

Helliggørelsen skal skelnes fra retfærdiggørelsen

Samtidig med at Bekendelsen viser denne tætte sammenhæng mellem retfærdiggørelsen og de gode gerninger, fastholder man klart forskellen. Det er nemlig vigtigt at skelne klart her. Selv om troen altid har denne helliggørende yderside, der frembringer gode gerninger, er det ikke derfor, den retfærdiggør. Troen retfærdiggør alene fordi den griber om det én gang for alle fuldbragte værk uden for os. "Vore gerninger kan ikke forsone Gud. Kristus alene er formidler og forsoner", siges der i artikel 20.

Dette gælder både i begyndelsen af vort kristenliv, undervejs og til sidst for Guds domstol. Kristus er ikke kun udgangspunktet for vor frelse, som vi så selv må supplere op med vore kærlighedsgerninger. I et brev fra 1536 svarer Luther på spørgsmålet, om den kristnes gode gerninger kan tilskrives nogen frelsende betydning, således: "Mennesket bliver, er og forbliver retfærdig udelukkende på grund af Guds barmhjertighed alene". (1)

Retfærdiggørelsen omfatter hele personen og er fuldstændig. Den befrier os helt fra Guds vrede og anklage i ét nu, ikke stykvis. Anderledes forholder det sig med helliggørelsen og det nye liv i gode gerninger. Her foregår en fremadskridende proces.

Helligåndens hjælp

Helligånden, der vækker den frelsende tro i os, er også den inspirerende og drivende person i al sand kristenliv. Idet vi kommer til tro, tager Ånden bolig i os, og styrker vor tro i kampen mod synden og væksten i gode gerninger. Bekendelsen kan derfor veksle mellem at tilskrive Helligånden og troen væksten i det nye liv. I artikel 20 hedder det således først, at "fordi Helligånden modtages ved troen, så fornys hjerterne nu og fyldes med nye affekter, så man kan frembringe gode gerninger". Umiddelbart efter siges det: "Troen er mor til den gode vilje og den retfærdige handling". Og det er troen netop ved Åndens inspiration og bistand.

Når vi går over til at tale om den kristnes nye liv er det altså langtfra ensbetydende med, at vi så lader troen ligge, for nu at beskæftige os med noget helt andet. Helliggørelsen er blot, hvad den samme retfærdiggørende tro udretter i vort liv, når vi er optaget af Kristus, så vi fyldes med Guds kærlighed.

Evangeliets to goder

I Kristi forsoning uden for os og Helligåndens fornyende gerning i os ved troen har vi det, Luther flere steder kalder for evangeliets to goder. I indledningen til Kirkepostillen, som var tænkt som vejledning for de nye lutherske præster, kaldes disse to goder for *gaven og eksemplet*. Gaven er Kristi forsonergerning med alt, hvad han "gør eller lider". At modtage denne gave i tro er det, der gør os til kristne, siges der. Evangeliets andet gode er Kristi eksempel, der øver os i gode gerninger og er et forbillede for vor livsførelse.

Her er rækkefølgen imidlertid afgørende. Troens modtagelse af gaven må altid gå forud for efterfølgelsen af Kristus som eksempel. Det andet gode er altid noget, der følger efter. Det er netop "det andet" og det, der følger "derefter". (2)

Denne rækkefølge er væsentlig både fordi retfærdiggørelsen ikke afhænger af vore gode gerninger, og fordi de sande gode gerninger netop har sit udspring i den lovfrie tro. I Heidelbergerteserne siger Luther det sådan: "Når nu Kristus bor i os ved troen, så bevæger han os da til at gøre gode gerninger ved den levende tro på hans gerninger". (3) Ved at vi i troen betragter Kristi gerninger, fremkalder det barmhjertighedsgerninger hos os. Det nye liv "flyder fra troen og den tilregnede retfærdighed". (4) Den ved troen tilregnede retfærdighed opsluger i ét eneste øjeblik al synd og er samtidig "fundament, årsag og oprindelsen til vor egen aktuelle retfærdighed". (5) Helliggørelsen er troens "værk, frugt og kilde". (6)

Hvilke er de gode gerninger

Artikel 20 afviser, at den kristne skal udføre specielle religiøse handlinger som i det katolske munkevæsen. Stedet hvor troen skal udfolde sig, er i den normale dagligdag med dens mange almindelige gøremål. Det er her, vi skal "tjene Gud efter de bud, han selv giver os, ikke efter de bud, der er udtænkt af mennesker" (art. 27). Vi skal leve i overensstemmelse med "De Ti Bud" (art. 20) og efter "Guds befalinger" (art. 6). Bekendelsen sammenfatter det smukt i artikel 27 med ordene: "God og fuldkommen er den livsførelse, der grunder sig på Guds ord".

Selv om hele loven i sin gammeltestamentlig udformning har mistet sin gyldighed og loven ikke længere har nogen ret til at anklage dem, der lever i troen på Kristus, er den kristne stadig forpligtet på Guds etiske vilje.

Moralloven, som er gengivet i De Ti Bud og sammenfattet i det dobbelte kærlighedsbud, er udtryk for Guds oprindelige og gode vilje med vort menneskeliv. Denne vilje blev indskrevet i vore samvittigheder ved skabelsen, men blev formørket ved syndefaldet. Derfor måtte Gud gentage denne vilje i De Ti Bud, som i dag er forpligtende for os i den skikkelse, de har fået i Det Nye Testamente.

I et lille skrift fra 1525 om Moselovens gyldighed konkluderer Luther, at kun det er gældende som bindende regel for os i dag i Det Gamle Testamente, som stemmer overens med Det Nye Testamente og den naturlige lov. (7)

Da den naturlige loverkendelse normalt er ret usikker på grund af syndens formørkelse, som også gør sig gældende i den troende, bliver det i praksis Det Nye Testamentes formaninger, der afstikker de gode gerningers vej for os. Som det hedder i teserne over Rom 3, 28, så er vi endnu ustadige i Ånden og ligger i strid med kødet, derfor er det nødvendigt "at holde fast ved sikre bud og skrifter af apostlene". (8)

At Luther bruger De Ti Bud som ramme for sin kateketiske belæring af de kristne sker af pædagogiske grunde, da vi ingen andre steder finder en bedre sammenfatning af Guds vilje med vort liv. (9) Efter gennemgangen af budene i Den Store Katekismus siger han således: "De Ti Bud er en sammenfatning af den guddommelige lære om, hvad vi skal gøre, for at hele vort liv kan behage Gud. Dette er den rette kilde, som alt må springe fra og den rette ledning, som alt må strømme igennem, når det skal være rette gode gerninger". (10)

Lovens (tredje) brug i kristenlivet

Af det foregående fremgår det klart, at reformatorerne fastholder lovens vejledende funktion for de kristne. Og at denne funktion er nødvendig.

I sin dogmatik fra 1535 systematiserer Melanchthon det til læren om lovens tredje brug, hvis indhold netop er lovens forpligtende vejledning også for de kristne. Selve udtrykket "lovens tre brug" har han fra Luther, der bruger det én eneste gang i Kirkepostillen, men ellers forlader det til fordel for talen om evangeliets to goder. (11)

Som vi har set, fastholder Luther selve sagen, men anvender altså andre udtryk som *evangeliets andet gode*. Talen om lovens tredje brug bliver måske også let misvisende, da der jo netop ikke er tale om en ny brug, men blot en understregning af, at loven også gælder for den troende i hans hverdag. Ganske vist har formaningerne i Det Nye Testamente en mild og venlig klang, men det er ikke det, der er det revolutionerende nye. *Det helt nye er, at mennesket nu bliver forvandlet, mens Guds vilje består.*

I sin lille kommentar til Galaterbrevet præciserer Luther det sådan: "Kødelig frihed er nemlig, at loven ændres, men mennesket forbliver uændret. Men kristelig frihed er, at loven ikke ændres, men derimod mennesket. Da hilses den samme lov, som viljen før hadede, velkommen, fordi Guds kærlighed nu er udgydt i vore hjerter ved Helligånden". (12)

Der er ingen modsætning mellem Melanchthons tale om lovens tredje brug og Luthers tale om evangeliets andet gode. De forskellige udtryk supplerer hinanden og udtrykker hver især noget væsentligt. Og Luther anbefalede varmt Melanchthons dogmatik fra 1535, hvor læren om lovens tre brug findes, og ifølge Kirkeordinansen hører denne udgave af dogmatikken med til den danske kirkes officielle bøger.

Evangeliet og formaningerne

Den kristnes etiske liv levet i overensstemmelse med Guds vilje i kærlighed og omsorg for næsten, er altså ifølge reformatorerne et produkt og en frugt af Kristi retfærdighed, som vi ejer i troen. Selve den tro, der finder trøst og hvile fra lovens anklage, er essensen og kilden i det nye liv. Denne tro tager med Åndens hjælp kampen op mod den resterende synd og vokser i kærlighed og gode gerninger. I denne kamp og vækst har den troende brug for lovens vejledning. Både de positive vejvisere og tilskyndelser, og de alvorlige advarselstavler. Da vi endnu ikke er fuldt oplyste i vore tanker og stadig har en sløv vilje, har vi brug for *både vejledning og tilskyndelser*. Den kristne frihed er ikke en frihed for vor syndige natur, der tværtimod skal tvinges til i det mindste at følge loven i det ydre.

Her er det dog af afgørende vigtighed, at lov og formaninger aldrig får adgang til vor samvittighed og spørgsmålet om vor barnekår. Loven har intet at gøre med vor nådestand, men skal holde sig her på jorden og vejlede os i vor dagligdag. Dette udfolder Luther grundigt og godt i sin store kommentar til Galaterbrevet. (13)

Selv om den kristne stadig har synden i sig, der i sit væsen er ens hos både den ugudelige og den kristne, så er der dog den afgørende forskel, at hvor synden før var herre i vort liv, så er den nu en behersket synd, der holdes lænket af troen. Også den kristne mærker til vrede og seksuelt begær, men bekæmper det, så det ikke fører til konkret handling. Den resterende synd i os er som en fængslet og dødsdømt fange, siger Luther i sit skrift mod Latomus, som findes på dansk. (14) Og forudsætningen for at synden forbliver en fanget og behersket synd, er den frigjorte samvittighed, der hviler i Kristi offerdød og er taknemmelig for formaningernes vejvisere og advarselsskilte på vejen frem.

Sker det, at man falder i synd, må man straks søge syndernes forladelse og rejse sig igen. Opgiver man kampen og lader synden råde, kvæles troen, så man falder ud af nåden og mister Helligånden. I så fald må man igennem en omvendelse atter vende tilbage til nådepagten, som detfremgår af artikel 12 om boden.

Noter

1) WA Br 12, 191.

2) Indledningen til Kirkepostillen er oversat i "Troens evangelium", København 1985, side 17-24.

3) WA 1, 364; Oversat i "Luthers Skrifter i Udvalg", Gad/Aros, bind 1, 89.

4) WA 2, 46.

5) WA 2, 146; oversat i "Troen og livet", København 1992, side 12.

6) Samme som ovenfor, side 13.

7) WA 24, 7; oversat i "Troen og livet", side 27.

8) "Troen og livet", side 154, tese 58.

9) WA 18, 81 (De overåndelige sværmere). Oversat i Den store Lutherserie, 2018.

10) Luthers Skrifter i Udvalg, Gad/Aros, bind 2, 163.

11) WA 10 I 1, 456 (dreyerley brauch des gesetzs).

12) WA 2, 560.

13) Se især Store Galaterbrevskommentar bind 1, 168-71 og bind 2, 13-72 (Kbh. 1981 og 1984).

14) "Mod Latomus", København 1995, side 122.

Kirkens kendetegn og det almindelige præstedømme

*Om menigheden og dens tjenere, forholdet mellem det alminde-
lige præstedømme og kirkens kaldede tjenere, og den sande kir-
kes kendetegn og hvem, der tilhører denne kirke.*

Kirken i bred og snæver forstand

Bekendelsen skelner mellem kirken i bred og snæver forstand.
Kirken i bred forstand er den synlige kirke, som samles omkring
evangeliets forkyndelse og sakramenternes forvaltning (art. 7).
Inden for rammerne af denne synlige kirke med dens ydre ken-
detegn finder vi kirken i snæver forstand, der er den egentlige
kirke (art. 8).

Kirken i egentlig forstand består af de mennesker, der ejer en
levende tro på Kristus. Da denne tro er usynlig og eksisterer i
menneskers inderste, er det alene Gud, der kender omfanget af
den sande kirke. De troende er dog altid at finde inden for den
synlige kirke, når man undtager de helt specielle tilfælde, hvor
nogen er forhindret i at deltage i gudstjenesten.

En af de klareste præciseringer af dette har vi i Melanchthons
dogmatik fra 1543: "Den synlige kirke er forsamlingen af dem,
der tilslutter sig Kristi evangelium og bruger sakramenterne ret.
Her er Gud virksom gennem evangeliets tjenere og genføder

mange til evigt liv. I denne forsamling er der imidlertid mange ugenfødte, der dog samstemmer om den sande lære". (1)

Kirken i bred forstand

Selv om kirken i egentlig forstand er samfundet af dem, der har troen og Helligånden i hjertet, som det hedder i forklaringen til Bekendelsen, så er den dog ikke blot en idé eller utopi. (2) Kirken er en realitet, der eksisterer med sine ydre kendetegn her i verden. Den ydre, synlige kirke består af både troende og vantro. Af både genfødte og ugenfødte. Ifølge reformatorerne kan disse ugenfødte enten være barnedøbte, der i deres opvækst er kommet bort fra troen eller voksendøbte, der aldrig er kommer til tro.

Det er dog ikke alle døbte, der tilhører kirken i bred forstand. Bekendelsesskrifterne udelukker nemlig både vranglærere og åbenbare syndere fra det ydre tilhørsforhold til den synlige kirke. Foruden denne gruppe, der synder åbenlyst enten i læren eller i livsførelsen, må man også fraregne en passiv gruppe. Det er dem, der ikke kommer i kirken, uden måske til familiens dåb, konfirmation, bryllup og begravelser, men som ellers ikke vil have noget at gøre med kristendommen. Disse grupper kan end ikke siges, at tilhøre kirken i bred forstand.

Som Luther siger det i fortalen til Den Lille Katekismus: "Den, der ikke søger eller begærer nadveren i det mindste én eller fire gange om året, om ham må man frygte, at han ikke er en kristen". Det samme gælder de, der hverken kan Fadervor, Trosbekendelsen eller De Ti Bud.

Selv når man tager kirken i bred forstand, består den kun af dem, der samles regelmæssigt omkring evangeliet og samstemmer i kirkens lære og livsførelse.

Den sande kirke

Men selv dér, hvor man driver kirketugt efter reformatorernes retningslinjer, vil kirken stadig være "iblandet mange hyklere og onde" (art. 8), der ikke har troen og Helligånden i hjertet. Disse har nok navn af at tilhøre kirken, men de er det ikke i sandhed. (3) De er kun kirke i det ydre. "De, i hvem Kristus ikke virker, er ikke Kristi lemmer", hedder et i den autoriserede forklaring. (4) De er blot døde lemmer.

Om disse vantro, der ganske vist har del i kirkens ydre kendetegn, konkluderer man: "de er i Djævelens rige". (5) Om døbte mennesker, der samles til gudstjeneste, kan det altså hedde, at de trods alt alligevel er ugenfødte og befinder sig i Djævelens rige og er hans lemmer, som han virker igennem.

Anderledes forholder det sig med de skrøbelige i troen. De tilhører virkelig den sande kirke, selv om de undertiden snubler og falder i synd. De rejser sig straks op igen og søger syndsfor

ladelse hos Kristus. Og selv om de også kan have enkelte for-
kerte og unyttige meninger, er det dog ikke noget, der omstyrter
grundvolden og de centrale trosartikler.

Kirkens ydre kendetegn

Kirkens vigtigste og fornemste kendetegn er evangelieforkyn-
delsen og sakramentforvaltningen. Og blandt disse indtager
evangelieforkyndelsen førstepladsen. Det er hovedhelligdom-
men, der føder, opholder, nærer, styrker og beskytter kirken,
skriver Luther i "Om koncilierne og kirken". Og han fortsætter:
"Selv om der kun var dette ene tegn, var det dog tilstrækkeligt
til at vise, at der måtte være et helligt, kristeligt folk dér". (6)

Modsat er evangeliet også så afgørende, at hvor det forvan-
skes, ødelægger det også sakramenternes virkning, hvis man
holder spædbørnene udenfor. Hvor nadverforvaltningen, som
f.eks. hos Zwingli, omkranses af en forkyndelse, der benægter
Jesu legemlige nærvær i nadverelementerne, dér modtager man
ikke Jesu legeme og blod. (7)

Dette gælder dog ikke på samme måde ved dåb, når den prak-
tiseres som barnedåb. Børnene skades nemlig ikke så let som de
voksne af falsk lære efter Luthers mening. Derfor var han også
overbevist om, at Gud i det mindste frelser børnene i den katol-
ske kirke gennem dåben, hvor Helligånden vækker troen hos
dem og således virker genfødelsen i dem. Luther kan dog også

sige, at hvor man lærer, at børnene ikke kan tro, men alligevel døber dem og erklærer dem for genfødt, er det "næsten nødvendigt", at man lader sig omdøbe. (8)

Der er altså grænser for sakramenterne objektive virkning, hvor de modsiges i den forkyndelse, der omkranser dem. Det er i øvrigt en tanke, vi møder igen hos Grundtvig, der ikke vil garantere for nogen genfødelse, hvor Trosbekendelsens ordlyd og tilspørgslen om barnets tro ved dåben ændres.

Den offentlige tjeneste i kirken

Enhver, der er døbt og tror, er en kristen og et levende lem på den sande kirke. Enhver sådan er samtidig også præst. Luther skelner dog her mellem, at alle troende er præster og så at nogle af dem samtidig har et embede som sognepræst: "Hvad der er krøbet ud af dåben, kan rose sig af allerede at være indviet til præst, biskop og pave, selv om det ikke sømmer sig for enhver at udøve sådan et embede". (9)

Man fødes til præst i dåben, men vælges til sognepræst af de andre i menigheden. Netop fordi alle er præster, må ingen selv tiltage sig den offentlige tjeneste, men skal kaldes og vælges af de andre. Tjenesten som sognepræst har altså sit direkte udspring i de troendes almindelige præstedømme.

Det betyder på ingen måde, at den offentlige tjeneste så blot er et menneskelig påfund. Artikel 5 lærer nemlig udtrykkelig, at præsteembedet er indstiftet af Gud. I den tyske tekst kaldes dette embede for "prædikeembedet". Dermed betoner man at forkyndelsen af evangeliet er den største og vigtigste opgave i kirken og samtidig distancerer man sig over for den katolske kirkes messeofferpræst. I den lutherske kirke har præsten ingen offerfunktion, da Kristus én gang for alle har bragt det endegyldige offer for al synd. Derfor er både prædikenens og sakramentforvaltningens egentlige formål alene at forkynde evangeliet i hørbar og håndgribelig form.

Det almindelige præstedømme

At der skelnes mellem de troendes almindelige præstedømme og så tjenesten som sognepræst, betyder imidlertid ikke, at de troendes præstedømme er helt privat og alene har at gøre med vort Gudsforhold. At vi kan træde frem for Guds trone og lovprise ham. Nej, det indebærer også både retten og pligten til at forkynde evangeliet privat. Disse tanker udfolder Luther især i skriftet "Om menighedens læretugt og præstevalg" og i "Om indsættelse af kirkens tjenere" begge fra 1523. (10) Foruden disse to skrifter uddybes emnet i en prædikenrække i 1535 over Salme 110, der blev udgivet i bogform i 1539.

I det sidstnævnte skrift betoner Luther den nøje sammenhæng mellem Kristi præstedømme, de troendes almindelige præstedømme og så den offentlige tjeneste for evangeliet.

Kristi præstetjeneste består i tre ting, nemlig i at forkynde evangeliet, ofrer og bede. Disse tre ting er også indholdet i vor tjeneste. Vort offer er dog ikke et sonoffer, men består i at vi korsfæster vort gamle natur og stiller vort legeme til rådighed for Gud

Når det gælder forkyndelsen, så skelner Luther også her mellem embedet som sognepræst og så den almindelige kristenstand. Vi skal ikke alle stå offentligt frem, men har dog alle privat ret og pligt til at forkynde evangeliet: "Når vi er blevet kristne gennem Kristus og hans præstetjeneste og ved tro er blevet indlemmet i ham i dåben, så har vi også ret og magt til at lære og bekende evangeliet, som vi har fra ham, for enhver. Enhver i sin stilling og stand. For skønt vi ikke alle har et offentligt embede og kald, så må og skal enhver kristen dog lære, undervise, formane, trøste og straffe sin næste med Guds ord, når og hvor det behøves. Forældre over for deres børn og husstand. Brødre, naboer, bonde og borger over for hinanden". (11)

Luther pointerer, at det er en ret og magt, enhver troende har og skal udøve privat. Det er ikke først noget, der følger med præstevielsen, sådan som den katolske kirke påstår. Det bliver tydeligt, hvis en kristen befinder sig et sted, hvor der ikke er andre kristne. Da kan han gøre brug af den ret, han allerede har som døbt og udøve alle præstefunktioner. (12)

Nadverforvaltningen undtaget

Ud over ovennævnte specielle tilfælde er der imidlertid en forskel mellem nadveren på den ene side og så dåben og syndstilgivelsen i absolutionen ved skriftemålet på den anden side.

Forskellen skyldes ikke, at nadveren er mere vigtig og betydningsfuld end de andre sakramenter, som den katolske kirke lærte. Det forholder sig snarere modsat. Nadveren er ikke frelsesnødvendig på samme måde som dåb og absolution. Derfor kan enhver kristen i nødsfald døbe og tilsige syndsforladelse. Ved nadveren er der derimod ikke tale om et sådan nødstilfælde

Luther afviser således direkte i en række breve nadver under private former. Og hvis det ikke kan ske i forståelse med de kirkelige myndigheder fraråde han endda husnadver med en præsts medvirken.

Dette råd udelukker dog ikke, at f.eks. de faste prædikanter og missionærer i LM og IM (eventuel efter et kursus) kunne stå for en supplerende nadverfejring i missionshusene efter ritualer godkendt af biskopperne og med de kirkelige myndigheders velsignelse. Om det er nødvendigt og ønskeligt er en anden sag. Så længe dette ikke kan ske i forståelse med de kirkelige myndigheder er det dog både Luthers, Speners og Rosenius' råd, at man søger til den nærmeste kirke, hvor evangeliet forkyndes rent. Også i dette spørgsmål gør man klogt i at følge vore lutherske, pietistiske og rosenianske fædres råd og vejledning. (13)

Forvalterens person er underordnet

Uanset hvem, der forvalter dåb og nadver eller står for forkyndelse, så er de virksomme til frelse på grund af Kristi ord og indstiftelse, lærer artikel 8 i Bekendelsen. I Skriftet "Wider Hans Worst" fra 1541 sætter Luther dette på spidsen ved at hævde, at det gælder om det så var Judas, Kajfas, Pilatus, Paven eller Djævelen selv, der prædikede eller døbte ret. Det gælder så længe evangeliet forkyndes ret og ritualerne følges. Hvad man end mener om kvindelige præster og biskopper, kan man altså ikke betvivle gyldigheden af deres forvaltning.

Hvis ritualerne ændres eller omkranses af falsk forkyndelse, forholder det sig imidlertid anderledes. Da må man søge andet sted hen. "Ugudelige lærere bør man forlade og ikke høre", hedder det i Melanchthons forklaring til artikel 8. (14) Kun hvis sakramenterne forvaltes ret og ikke modsiges i forkyndelsen, kan man anbefale folk at slutte op om deres lokale sognekirke. Ellers må man finde en anden kirke i nærheden.

Noter

1) Corpus Reformatorum 21, 826.
2) Apologien 4, 5.
3) Apologien 4, 11: Nomine, non re.
4) Apologien 4, 6.
5) Apologien 4, 17.

6)   Luthers Skrifter i Udvalg, bind 2, side 392-94.

7)   WA 26, 506. Oversat i "Troens evangelium", Kbh. 1994, side 331.

8)   WA 17 II, 82. Oversat i "Troens evangelium", side 29.

9)   WA 6, 408. Oversat i Luthers Skrifter i Udvalg 4, 47.

10) Oversat i Den store Lutherserie.

11) WA 41, 211.

12) WA 12, 189.

13) WA Br 6, 507 og 7, 167, 338, 365.

14) Apologien 4, 48.

Dåben og sakramenternes rette brug

Om dåben og dens rette brug, som Bekendelsen behandler sammen med de andre sakramenter og nådemidler.

Nådemidlerne rækker os Kristi frelse

På korset har Kristus én gang for alle erhvervet syndernes forladelse til os. Vi får dog ingen gavn af denne gave, hvis den ikke deles ud. Det er det, der sker gennem forkyndelsen af evangeliet og forvaltningen af sakramenterne. Prædikenen og sakramenterne er, ifølge artikel 5 i Bekendelsen, midler, hvorved Gud vækker troen på syndernes forladelse i os.

Fællesbetegnelsen for disse midler er nådemidler, hvis nøjagtige antal ikke fastsættes af reformatorerne. Luther nævner i De Schmalkaldiske Artikler fra 1537, at grunden, til at vi har flere forskellige nådemidler, er at finde i Guds rige nåde. Derfor kommer evangeliet ikke kun til os på en måde. Luther nævner her det mundtlige ord, dåben, nadveren, absolutionen og den indbyrdes sjælesorg. (1) I sit store nadverskrift fra 1528 nævner han desuden bibellæsning. (2) Alle disse ting er midler, hvorved Gud uddeler Kristi nåde og vækker og styrker troen i os.

Sakramenternes antal

Nogle af disse nådemidler kaldes desuden også sakramenter, da evangeliet her er tilføjet et ydre tegn. Det gælder først og fremmest dåbens vand og nadverens brød og vin, men også absolutionen med tilsigelsen af syndernes forladelse kan regnes med. Det er da hele ritualet, eventuelt med håndspålæggelse, der så er det ydre tegn. Således definerer Melanchthon i sin dogmatik et sakramente som en ceremoni (ritus), der er befalet af Gud og som indeholder et løfte om syndernes forladelse.

I selve Bekendelsen nævnes både dåb, nadver og absolution under behandlingen af sakramenterne i artikel 9-13, og i den autoriserede forklaring i Apologien kaldes absolutionen i boden direkte for "bodens sakramente". Det samme er tilfældet i Den Store Katekismus. Så sent som i 1545 udtaler Luther, at han gerne bekender, at "boden med absolutionen er et sakramente, da det indeholder løftet og troen på syndernes forladelse for Kristi skyld". (3)

Ord og tegn har samme virkning

Om man regner med to eller tre sakramenter er dog ikke afgørende for reformatorerne, da det i høj grad er et definitionsspørgsmål. Det afgørende er derimod, om det er noget, der er befalet af Gud og som indeholder løftet om syndernes forladelse. Derfor ville man f.eks. ikke regne ægteskab og konfirmation med blandt sakramenterne, i modsætning til den katolske kirke.

Om noget "blot" er et nådemiddel og ikke et sakramente har ikke den store betydning. Virkningen er nemlig den samme: at vække kristentro. I forklaringen pointeres det, at "ordets og handlingens virkning er den samme". (4) Ligesom evangeliet trænger ind i øret for at træffe hjertet, således påvirker handlingen sanserne for at bevæge hjertet til at tro, hedder det samme sted.

Tomme symboler eller virksomme midler

Dåben og de andre sakramenter er effektive og virksomme nådemidler, og ikke blot tomme symboler eller uvirksomme tegn. De indeholder og bringer sagen selv. Det understreges med forskellige udtryk i Bekendelsen. I artikel 5 hedder det således, at "Helligånden gives" og at "troen virkes" ved ord og sakramenter. I artikel 9 at "Guds nåde frembæres" i dåben. Det latinske ord "offero", der anvendes her, kan gengives med: ofres, skænkes, frembæres, tilbydes. I artikel 13 hedder det, at "løfterne frembydes" ved sakramenterne. Og endelig siges det i Apologien, at dåben er "virksom til frelse" (9, 1), og at "syndernes forladelse gives" her (13, 22).

Der anvendes altså en række dynamiske udtryk, der hver især fremhæver, at sagen selv virkelig er til stede og skænkes os i nådemidlerne. Samtidig undgår man bevidst vendinger, der gør sakramenterne til automatik og skjuler troens nødvendighed.

Dåbssyn mellem sværmeri og magi

Når det gælder dåben, tager Bekendelsen i artikel 9 på den ene side klart afstand fra gendøberne, der benægter arvesynden og lærer, at børnene frelses automatisk uden hverken tro eller dåb. På den anden side afviser man lige så stærkt i artikel 13 den katolske tanke, at dåben udøver sin frelsende virkning i den døbte uafhængig af troen, blot ritualet udføres. Det er vigtigt, at man læser artikel 9 om dåben sammen med artikel 13, der omkranser hele afsnittet om sakramenterne.

I artikel 13 understreges det, at dåben og de andre sakramenter ikke kun er ydre kirkelige kendetegn eller lydighedshandlinger, men at de først og fremmest er tegn og vidnesbyrd om Guds nådige sindelag mod os. Og fordi de er det, formår de også, at vække og styrke troen hos os. I den ægte autoriserede tekst med den fulde ordlyd, som desværre mangler i Leif Granes oversættelse, fremgår det, at reformatorerne afviser den katolske ex opere operato-lære, som hævder, at dåben og de andre sakramenter retfærdiggør blot ritualet udføres og uafhængig af modtagerens tro. (5)

Over for dette lærer reformatorerne, at sakramenternes gyldighed og virkekraft ganske vist er helt uafhængig af både forvalterens og modtagerens tro, og alene beror på Guds befaling og indstiftelse, men dåbens frelsende gavn er betinget af, at evangeliets løfter modtages i tro. Uanset tro og vantro opretter Gud altid en eviggyldig nådepagt med den enkelte i dåben, og denne pagt står ved magt fra Guds side uanset troen. For at den døbte skal få nogen gavn af denne pagt, kræver det dog, at den døbte modtager Kristi frelsesgave i tro. I den forstand er dåbspagten gensidig. Vel at mærke ikke i lovisk forstand, så vi skal yde et eller andet til gengæld, men i evangelisk forstand, hvor troen fra vor side er den hjertehånd, der griber gaven.

Troens plads i dåbsritualet

Denne gensidige pagtstanke træder også tydeligt frem i vort dåbsritual, hvis grundkerne bygger på Luthers dåbsritual fra 1526. Med direkte adressat til barnet spørger præsten om forsagelse og tro, inden der døbes. Og selvom andre svarer ja i barnets sted, forudsætter det teologisk, at dette ja korresponderer med troens reelle virkelighed i barnet. Selvom dette stedfortrædende ja kan virke noget kunstigt, er det altså med til at fastholde troens altafgørende betydning ved dåben. Trosbekendelsesakten er uundværlig, hvis ikke dåben skal blive mistolket som en automatisk virkende tryllehandling.

Uden tro ingen genfødelse

Den centrale placering, troen har i dåbsritualet med den direkte tilspørgsel om forsagelse og tro, svarer helt til den betydning, troen har i Luthers dåbsteologi ellers. I en af de vigtigste prædikener i denne forbindelse, nemlig prædikenen "Om dåben og barnets tro" fra Kirkepostillen 1525 hedder det således: "Troen må være til stede før eller også ved dåben, ellers bliver barnet ikke befriet fra Djævelen og synden". (6) Uden troens tilstedeværelse ved dåben sker der ingen genfødelse. Når der efter dåben forkyndes, at barnet nu er genfødt, så måtte det være falsk, hvis barnet ikke havde sin egen tro, præciserer Luther samme sted.

Hos Luther er genfødelsen en dynamisk ny virkelighed i menneskets indre, og det finder ikke sted uden tro. I sin prædiken afviser han derfor både en objektiv opfattelse af genfødelsen, hvor der ikke sker noget i den døbte. På den anden side afviser han også en katolsk opfattelse, hvor troen er et slags åndeligt organ, der indplantes i dåben, men som noget helt dødt og livløst og uden forbindelse til evangeliet. Nej, ifølge Luther er troen levende og reel. Som det også udtrykkes i artikel 13 i Bekendelsen, så er der virkelig tale om "en tro, der tror".

Det er også i dette lys, man må forstå udtrykket i artikel 2, hvor det hedder, at vi genfødes "ved dåben og Helligånden". Dåben genføder ikke, hvor Helligånden ikke får lov til at vække tro. Denne forståelse kommer også fint frem hos Regin Prenter i hans gennemgang af dåben i "Kirkens lutherske Bekendelse", hvor han netop om dåben siger, at den "ikke kan virke menneskets genfødelse uden i og ved den tro, som alene Helligånden kan give det i hjertet". (7)

Børnene og dåben

Bekendelsen har ikke nogen speciel behandling af barnedåben som sådan. Pointen er netop, at alt hvad der siges om arvesynden og dåb og tro, gælder såvel børn som voksne. Også børnene er besmittet med en syndig natur fra fødslen af og fødes ind under den skyld, der hviler over hele menneskeslægten. Det er ikke sådan som baptister, metodister og nogle pinsekirker lærer, at børnene automatisk har del i Kristi frelse fra fødslen af uafhængig af troen. Nej, fordi også børnene har del i alle arvesyndens følger, må de døbes, så de i tro kan modtage syndernes forladelse.

I modsætning til Augustin, Thomas Aquinas og officiel katolsk lære, Calvin, Martensen og Vilhelm Beck, som alle benægter, at det døbte barn reelt tror, så fastholder Melanchthon og Luther, at Gud på menighedens forbøn vækker troen i spædbarnet ved det evangelium, der lyder til det i dåben. Det døbte barn er derfor efter dåben et virkeligt troende og genfødt lille menneske med Helligånden i sit indre. Denne barnetro er selvfølgelig ikke bevidst eller forståelig for barnet, men en voksen tænker jo heller ikke hele tiden på Gud, hverken når man sover eller er travlt optaget, påpeger Luther. I øvrigt er det værd at bemærke, at både Grundtvig og Christian Møller følger Luther helt på dette punkt. (8)

Hvis man ønsker en nærmere redegørelse for Luthers syn på barnedåben og barnetroen er der rig lejlighed til det, da de vigtigste af Luthers skrifter om dette emne netop er nyoversat på Credo Forlag i "Troens evangelium". (9) I Budskabet 1993, nr. 4 har jeg selv en længere gennemgang af Luthers dåbssyn sammenlignet med dåbssynet i vækkelsesbevægelserne.

Ifølge Luther kommer alle børn altså til tro og bliver genfødt i dåben. Nogle af disse børn bliver bevaret i troen med dens op og nedture livet igennem. Andre falder fra på et tidspunkt i deres opvækst og må så igennem en omvendelse som voksen. Det skal vi se nærmere på næste gang.

Dåbens nødvendighed

I artikel 9 hedder det, at dåben er "nødvendig til frelse" og man afviser dem, der "forsikrer, at børn frelses uden dåb". Disse udsagn kobler mange let sammen som om reformatorerne faktisk siger, at udøbte børn går fortabt. Det er dog ikke tilfældet. Der er nemlig ikke tale om en absolut nødvendighed. Det fremgår klart mange steder hos både Luther og Melanchthon. Det, man ønsker med disse formuleringer, er derimod, at tage afstand fra gendøberne, der som tidligere nævnt benægter arvesynden og lærer, at børnene automatisk har del i frelsen fra fødslen af helt uafhængig af troen på Kristus. Mod dette fastholder man fra luthersk side, at også børnene har brug for Kristi nåde, som de netop modtager i dåben. Hvor et menneske på grund af uheldige omstændigheder dør inden dåben, understreger man dog, at dåben kan erstattes af evangelieforkyndelse og tro.

Klarest og fyldigst siges det nok i Melanchthons brev fra 1553, hvor han skriftligt svarer på spørgsmålet "Hvad man skal mene om dem, der dør, inden de bliver døbt". Svaret er da: "Om end det er nødvendigt, at troen griber evangeliet og sakramenterne bruges ret, så er der dog en vis forskel. Med hensyn til evangeliet, som fordrer tro af enhver, kan der ikke tillades nogen indskrænkning eller undtagelse. Anderledes med brugen af sakramenterne, som kan mildnes og kompenseres ved tro og fromme bønner". (10)

Det svarer helt til, hvad Luther siger i "Om kirkens babyloniske fangenskab", at "mennesket kan have ordet eller testamentet uden tegnet eller sakramentet". (11) Der skal så blot tilføjes, at Luther råder til en vis forsigtighed omkring dette, da folk let misbruger sådanne udsagn til skødesløshed med at få deres børn døbt.

Ifølge Kirkeordinansen af 1537 er dette syn også officiel dansk kirkelære.

Noter:

1) Martin Luther: Troens evangelium, København 1994, side 390.

2) Samme bind, side 134.

3) WA 54, 427.

4) Apologien 7, 2.

5) Til hele spørgsmålet om den ægte tekst se da indledningen.

6) Troens evangelium, København 1994, side 28.

7) Kirkens lutherske Bekendelse, Fredericia 1978, side 100.

8) I Budskab fra Nådens Rige 1866, side 126 siger Møller: " Vi tror, at hos et lidet barn, hvor Helligånden så at sige får lov at råde selv, der virker Han genfødelse ved sit middel". Og i sin bog Den kristelige Dåb, Rønne 1884 forklarer han dette således, at spædbørnene "viljeløst lader Guds And håndtere dem uden modstand" (side 56). Grundtvigs betoning af troen ses tydeligt, når han siger: "Det er kun under forudsætning af at troen

er til stede hos de spæde, at de ved dåben genfødes til Guds
børn" (Udvalgte Skrifter, bind 4, side 615).

9) Martin Luther: Troens evangelium, København 1994.

10) CR 8, 194, nr. 5519. Se også Præsteforeningens Blad
1994/25.

11) Om kirkens babyloniske fangenskab, København 1982,
side 52.

Personlig sjælesorg og omvendelse

Om den personlige sjælesorg og det private skriftemål med til-
sigelsen af syndernes forladelse. Og om de særlige tilfælde af
dåbsfrafaldnes omvendelse.

Bodens sakramente

Artikel 11 om skriftemålet og artikel 12 om boden i Den Augs-
burgske Bekendelse optræder sammen med dåb og nadver i det
afsnit, hvor sakramenterne behandles, nemlig artiklerne 9-13. I
den autoriserede forklaring i Apologien benævnes skriftemålet
med tilsigelsen af syndernes forladelse i absolutionen da også
direkte som "bodens sakramente". Og så sent som i 1545 fast-
holder Luther, at han gerne bekender, at "boden med absolutio-
nen er et sakramente, da det indeholder løftet og troen på syn-
dernes forladelse for Kristi skyld". (1)

Som det fremgik i forrige nummer, er det dog i høj grad et
spørgsmål om definition, om man bruger betegnelsen nådemid-
del eller sakramente. Det vigtigste er, om det er noget, der ræk-
ker os syndernes forladelse. Nådemidlernes og sakramenternes
virkning er nemlig den samme ifølge reformatorerne.

Absolutionen er hovedsagen

Efter katolsk praksis havde man pligt til at opsøge sin skriftefader efter hver større synd og mindst en gang årligt skulle alle synder skriftes. Reformatorerne ønsker derimod at gøre skriftemålet til en frivillig sag. Desuden afviser man muligheden og nødvendigheden af at opremse alle synder: "Opremsningen af alle synder er ikke nødvendig" (art. 11). Man henviser til Salme 19, 13: "Hvem lægger mærke til uforsætlige synder?"

Syndsforladelsen omfatter hele personen og ikke kun de enkelte bekendte synder. Den nøje opregning af alle synder med en passende anger vender desuden sindet bort fra det, som er hovedsagen i skriftemålet, nemlig absolutionen med tilsigelsen af syndernes forladelse. Den er Guds røst og fremsiges efter Guds befaling (art. 25). Det er mod evangeliet vor tro skal rettes, så vi griber den tilsagte syndsforladelse.

Reformatorerne ønsker altså på ingen måde at afskaffe skriftemålet, men blot at rense det for den katolske kirkes misbrug af dette nådemiddel.

Syndsforladelsens objektive gyldighed

Samtidig med at den lutherske bekendelse blev fremlagt og drøftet i Augsburg, udarbejdede Luther på Coburg skriftet "Om nøglemagten", hvor han tager skriftemålet op til grundig behandling. (2) Luther understreger stærkt skriftemålets sakramentale karakter. Her "uddeles dagligt Kristi blod". Det er intet mindre end "Kristi blod, død og opstandelse", vi modtager i absolutionen.

Dette beror alene på Kristi befaling og løfte, og ikke på vor anger og tro. På samme måde som ved dåben, at det ikke er vor tro, der skaber dåben, men alene modtager dens gave, således også ved absolutionen. Luther benytter et meget håndgribeligt billede for at få dette aspekt frem: "En konge giver dig et slot. Tager du ikke imod det, har kongen dog ikke derfor løjet eller fejlet, men du har bedraget dig selv, og skylden er din. Kongen har visselig givet det". (3) Så konkret må vi forestille os tilsigelsen af syndernes forladelse. Uanset tro eller vantro modtager vi virkelig syndsforladelse. Uden tro får vi dog ingen gavn af denne konkrete gave. Parallellen til dåb og nadver er tydelig.

Det jævnlige skriftemål

I artikel 25 fremgår det, at skriftemålet normalt fandt sted i forbindelse med nadveren. Kun de, der forud var prøvet og havde modtaget absolutionen, kunne deltage i nadveren. Skriftemålet er altså en jævnlig tilbagevendende begivenhed i den kristnes liv. Hvor den offentlige forkyndelse proklamerer syndsforladelse i almindelighed, kan man i skriftemålet gå ind og hjælpe den enkelte i en speciel situation. Her er der mulighed for at få ydet individuel hjælp og få tilsagt syndsforladelse netop ind i ens eget konkrete liv. Som Luther afsluttende siger det i Den lille Katekismus: "Den, som har store samvittighedskvaler eller er bedrøvet og anfægtet, vil en skriftefader nok vide at trøste med flere bibelord og opmuntre ham til troen".

Absolutionen i prædikenen

Hvor blandt andet Grundtvig og Vilhelm Beck i nyere tid ønsker at knytte syndsforladelsen udelukkende til dåben, sådan ville den lutherske teolog Andreas Osiander på reformationstiden knytte den til absolutionen. Han hævdede således, at den almindelige evangelieprædiken ikke kunne skænke syndsforladelse. Dette foranledigede Luther og Melanchthon til i fællesskab at udsende en erklæring, hvori de præciserer: "Også evangelieforkyndelsen er i sig selv egentlig en absolution". (4) I et supplerende brev tilføjes der: "Den almindelige evangelieprædiken har den effekt, at den virker syndsforladelse i de hjerter, der derved i tro trøster deres forskrækkede samvittigheder". (5) Samtidig forklarer man, at både den almindelige og den private absolution sker under "troens betingelse". Uden tro gavner de ikke. Evangeliet forkynder syndsforladelse for alle mennesker i hele verden, og selvom alle ikke tror dette, skal man ikke forkaste denne almene absolution.

I en prædiken pointerer Luther, at denne virkning ikke alene gælder den mundtlige prædiken, men også Det nye Testamentes skrevne beretninger. De er "sakramenter, ved hvilket vor frelse udvirkes". Hvis vi tror disse ord, "genføder de os". (6)

Frafaldets realitet

Hvor artikel 11 først og fremmest omhandler det jævnligt tilbagevendende skriftemål i kristenlivet, drejer artikel 12 sig især om de enkeltstående tilfælde, hvor troens liv helt ophører ved frafald. At dette virkeligt kan ske, var der ingen uenighed om mellem katolikker og lutheranere. På Tridentinerkonciliet i 1547 udtalte den katolske kirke således officielt, at en døbt kan "miste den retfærdiggørende nåde". Gennem boden må man så på ny "genvinde den tabte nåde", så man "atter bliver retfærdiggjort". (7)

Det var især retninger inden for gendøberne, der benægtede frafaldets mulighed og lærte "at de én gang retfærdiggjorte ikke kan miste Helligånden" (art. 12). Da også en luthersk præst Naogeorg udgav en kommentar, hvori han hævder, at en sand kristen ikke atter kan falde fra og miste Helligånden, uanset hvordan han lever, førte det til, at reformatorerne udarbejdede en fælles betænkning, hvor de tager klart afstand fra et sådant syn. (8) Reformatorerne trækker et tydeligt skel mellem det, at en kristen stadig har synd, så han kan blive overrasket af synden, falde og bede om tilgivelse, og så det bevidst og med vilje at synde og forblive i synden. Det sidste skiller fra samfundet med Gud og fører til fortabelse, med mindre man atter bliver omvendt. I denne situation befinder den frafaldne sig under Guds vrede og har mistet Helligånden.

Døbt, men ugenfødt og ikke-kristen

I fortalen til Den lille Katekismus, som også hører med blandt Folkekirkens bekendelsesskrifter, udtaler Luther om en sådan dåbsfrafalden, at han "ikke er en kristen". I teserne imod Antinomerne fra 1538, hvor Luther udfolder det forhold, at Kristus tager bolig i os ved troen og mere og mere vinder skikkelse i os, siger han om de frafaldne: "Men i de vantro, som i stort tal gennemtrænger kirken, er Kristus helt død, ja, han er der slet ikke". (9) Ifølge Luther er det altså en mere korrekt og præcis sprogbrug at sige, at Kristus slet ikke er i den dåbsfrafaldne længere end at tale om død og dødeopvækkelse i forbindelse med omvendelsen. I Apologien siges det, at de frafaldne "ikke er Kristi lemmer", og man konkluderer, at de "er i Djævelens rige". Og i

Kirkepostillen siger Luther det sådan: "De falder atter tilbage i arvesynden og bliver, som de var før dåben". (10) Reformatorerne benytter sig altså af en meget radikal sprogbrug og tegner et realistisk billede af den frafaldne.

På ny retfærdiggjort og genfødt i boden

Selvom dåbspagten stadig står ved magt fra Guds side, er der således ingen forskel på en udøbt og en dåbsfrafalden, hverken i deres forhold til Gud eller i deres indre. Den frafaldne må atter retfærdiggøres og genfødes. I den autoriserede forklaring til Bekendelsen hedder det således direkte om troen, der atter vækkes i boden ved evangeliet, at den "retfærdiggør og genføder". (11) Ja, "genfødelsen sker ved tro i boden", siges det uden omsvøb. (12) I førnævnte skrift af Luther "Om nøglemagten" fra 1530, som er en af hans grundigste behandlinger af dåbsfrafaldnes omvendelse, udtaler han som en almengyldig dogmatisk sandhed om den, der atter kommer til tro i boden, at han "bliver genfødt på ny". (13) Og selvom ikke alle ønsker at følge Luther helt i hans meget radikale og stærke sprogbrug, er der dog en udbredt enighed om selve sagen i vækkelsesbevægelserne i dag.

Samtidig er det dog også vigtigt at understrege, at Luther i samme forbindelse knytter denne nye genfødelse stærkt sammen med dåben. Det er nemlig en genfødelse "tilbage til dåbens uskyld". Dåbspagten står stadig ved magt fra Guds side og ved omvendelse og tro træder man atter ind i pagten. Der er netop ikke tale om, at den, der omvender sig efter et frafald, nu skal leve sit kristenliv på helt andre præmisser end før. Det er stadig Kristi fuldbragte værk, der er det blivende frelsesgrundlag også for den bodfærdige. Og det er på dette punkt, vejene skilles mellem den lutherske og katolske kirke.

Nåden og troen skilles

Katolikker og lutheranere er ganske vist enige om, at den retfærdiggørende nåde kan mistes, men genvindes i boden. Her holder enigheden imidlertid også op. Mens boden ifølge katolsk lære er den anden redningsplanke (og en redningsplanke af en helt anden slags), efter at dåbsskibet er forlist, så er boden for Luther blot en tilbagevenden til dåben og troen på Kristus.

Hvor lidt troen betyder for katolikkerne i denne sammenhæng kom tydeligt frem på Tridentinerkonciliet, hvor man fastslog, at man kan miste nåden og dog beholde den sande tro. Ja, man udtaler endda fordømmelse over dem, der mener andet. (14)

Modsat tilskriver reformatorerne troen al frelse, fordi den griber Kristus. Som det allerede er nævnt, så er det netop den tro, som evangeliet atter tænder i den forskrækkede samvittighed, der retfærdiggør og genføder på ny. Hvor katolikkerne deler boden op i anger, syndsbekendelse og fyldestgørende gerninger, siger Bekendelsen anger og tro. Og denne anger er ikke den selvgjorte anger, men den, Gud fremkalder i os ved sin lov. Det er en "passiv anger", som Luther præciserer det.

Vi møder her den samme forskel, som vi så i forbindelse med gennemgangen af retfærdiggørelseslæren. Melanchthon henviser da også kort i Apologien til det, han allerede har sagt under dette punkt. Som han siger, så er læren om boden og læren om retfærdiggørelsen nemlig tæt forbundne. (15)

At det er Gud, der gennem forkyndelsen af lov og evangelium skaber anger og tro i os, betyder imidlertid ikke, at vi så blot skal forholde os helt passive. Efter at Luther i Heidelbergteserne stærkt har understreget menneskets bundne vilje, slutter han med dette råd: "Når du hører dette, så kast dig ned og bed om nåde og flyt dit håb over på Kristus, i hvem vi har frelse, liv og opstandelse". (16)

Den daglige bod

Omvendelse efter et egentligt frafald hører til de enkeltstående tilfælde i en kristens liv. Det er ikke noget, alle kristne oplever. Mange bliver bevaret i troen lige fra deres barnedåb med troens op og nedture. Fælles for alle kristne er derimod den daglige bod, hvor vi i Fadervor bekender vore synder og i troen modtager ny tilgivelse. Denne syndstilgivelse er ikke bundet til skriftemålet alene, men kan også ske gennem læsning og meditation over Bibelens beretninger, ved at høre evangeliet blive forkyndt og ved at modtage nadveren.

Fordi Gud er rig på kærlighed, kommer hans nåde os i møde på mange forskellige måder, og vi griber hans gaver i tro. Den tro, der tror, at Kristi frelse også gælder mig.

Noter

1) WA 54, 427.

2) Skriftet er oversat i "Luthers Reformatoriske Skrifter i Udvalg", Kbh. 1883, s. 746-804.

3) Ovennævnte skrift side 792.

4) WA Br 6, 454; nr. 2010.

5) WA Br 6, 528.

6) WA 9, 440; nos regeneramur.

7) Denzinger: "Enchiridion symbolorum...", nr. 1542, 1544.

8) "Troen og livet", Kbh. 1992, bind 6 i Credos Luther-serie.

9) Samme bind, s. 218, tese 5, 38.

10) WA 17 II, 286.

11) Apologien 12, 60.

12) Apologien 4, 374.

13) WA 30 II, 505; "von newen widder geborn".

14) Denzinger, nr. 1544 og 1578.

15) Apologien 12, 59.

16) Luthers Skrifter i Udvalg, Århus 1980, bind 1, side 82.

Nadverlære og bibelsyn

Om nadverlæren, som ligger i direkte forlængelse af reformatorernes bibelsyn.

Hovedsagen - syndernes forladelse

Når man vil beskæftige sig med reformatorernes syn på nadveren, bliver man ofte distraheret af spørgsmålet om, hvordan Jesu legeme og blod er til stede i nadveren. Det er derfor vigtigt at slå fast med det samme, at dette kun er et bispørgsmål. Hovedsagen i nadveren er derimod, at vi her rækkes syndernes forladelse. Og nadverelementerne skal blot betragtes som et sikkert tegn på, at dette også virkelig gælder mig den enkelte. Som det fremgik i gennemgangen af dåben, så skænker alle nådemidlerne samme nåde, nemlig syndernes forladelse. Der er dog den forskel, at hvor prædikenen proklamerer evangeliet for alle, så rækkes det i nadveren til den enkelte. Lige så sikkert som at vi modtager Jesu legeme og blod i nadverens brød og vin, lige så sikkert modtager vi personligt Guds nåde.

Vilhelm Beck og Grundtvig

Det er dog ikke alle, der følger reformatorerne på dette punkt. Således benægter både Vilhelm Beck og Grundtvig, at der er syndsforladelse i nadveren. Selvom Grundtvig fremhæver, at vi både ved badet og bordet hører Jesu autentiske ord, så er det alene i dåben, syndernes forladelse skænkes. (1) Nadveren peger alene hen på syndsforladelsen i dåben. Både Beck og Grundtvig fastholder realpræsensen, altså at Jesu legeme og blod virkelig er til stede i brød og vin, men de benægter altså, at vi samtidig modtager syndernes forladelse. De fastholder bisagen, men benægter hovedsagen. Det sker åbenbart ud fra datidens logik, at hvis man én gang har fået syndernes forladelse (eller en gang er blevet genfødt), så kan det ikke gentages.

I modstrid med Luther

Luther tager direkte afstand fra det ovennævnte syn i sit store nadverskrift fra 1528 "Om Kristi nadver". Skriftet slutter med en slags åndeligt testamente, som gør ordene endnu mere tungtvejende. Det siges her: "En sådan syndstilgivelse kan ikke kun forventes én gang, nemlig i dåben, som nogle lærer, men så ofte og så mange gange, man har brug for den, lige til døden". (2) Foruden evangeliet, dåben og absolutionen nævnes direkte nadveren, "hvor syndernes forladelse tilbydes, hentes og modtages". I artikel 5 og 13 i Bekendelsen skelnes der ikke mellem de forskellige nådemidler og sakramenter, når det hedder, at de skænker Helligånden og evangeliets løfter.

Når Jesus ved nadverens indstiftelse siger, at hans blod "udgydes for mange til syndernes forladelse" (Matt 26, 28), så forstår nogle dette om Jesu offerdød på korset, mens Luther først og fremmest forstår det, som det, der sker her og nu i nadveren.

I Den lille Katekismus hedder det om Jesu løfte i indstiftelsesordene: "Ved disse ord gives i sakramentet syndernes forladelse". Det er dog alene ved tro, vi har frelsende gavn af denne gave: "Den, der tror disse ord, han har, hvad de siger, og som de lyder, nemlig syndernes forladelse."

Fra Gud til os

I artikel 24 gøres der op med den katolske messeoffertanke, som er karakteristisk ved, at det her er mennesker, der bringer Gud noget og ikke omvendt. Ved på ublodig måde at ofre Kristus til Gud opnår præsten syndernes forladelse for dem, messen holdes for. Tankegangen er, at dåben kun borttager arvesynden, mens messeofferet gælder de aktuelle overtrædelser af Guds bud, der senere kommer til. I sin værste form blev det til en ren automatisk handling helt uafhængig af modtagerens tro. Man kunne endog holde messe for folk, der ikke var til stede, ja, endda for afdøde personer.

Mod dette fremholder reformatorerne forskellen på et offer og et sakramente. Et offer er noget, vi bringer Gud, mens et sakramente er noget, Gud skænker os. Og når det gælder selve forsoningsofferet, så er det bragt én gang for alle på korset. På korset har Kristus én gang for alle fortjent og vundet syndernes forladelse til os. I nadveren uddeler han dette til os. (3) I forklaringen til artikel 24 siges det sådan: "Et sakramente er en ceremoni eller handling, i hvilken Gud skænker os det, som løftet i ceremonien tilbyder". "Ordet tilbyder altså syndernes forladelse og ceremonien er ligesom et billede og et segl. Og ligesom løftet er unyttigt, hvis det ikke modtages i tro, således er også ceremonien unyttig, hvis ikke troen træder til." (4)

Det er altså ikke sådan, at den ydre sakramenthandling har en automatisk indvirken på os uden om troen. Både ord og ritual er givet os af hensyn til troen.

Realpræsens = legemlig nærvær

Det vigtigste i nadveren er som sagt, at vi her rækkes syndernes forladelse helt personligt. Derfor er løfteordene i nadveren også vigtigere end selve nadverelementerne, som blot skal tages som et sikkert pant på, at løftet gælder den enkelte. Det er ganske vist et meget fornemt og dyrebart pant, vi får, nemlig Jesu sande legeme og blod.

For lettere at forstå, hvorledes Jesu legeme og blod er til stede i brød og vin, kan det være en hjælp at sammenligne med Jesu Gud-menneskelige natur. Ligesom Jesus er sand Gud og sandt menneske i en person, på samme måde er nadverelementerne på en og samme tid Jesu virkelige legeme og blod og almindeligt brød og vin i en sakramental enhed. Nadverelementerne ophører ikke med at være almindeligt brød og vin, som katolikkerne lærer. Heller ikke er de blot symboler og billeder på Jesu legeme og blod, som de reformerte lærer.

Wittenberg-Konkordien 1536

I Augsburg skulle lutheranerne først og fremmest forsvare deres tro over for katolikkerne. I 1536 tog man imidlertid atter nadveren op til behandling internt i den lutherske kirke. Udsendinge fra de sydtyske menigheder drog da til Wittenberg, for at drøfte spørgsmålet med Luther og de andre wittenbergske teologer. Frugten af disse drøftelser blev Wittenberg-Konkordien 1536, hvor vi får en række vigtige præciseringer af den lutherske nadverlære.

I erklæringen siges der blandt andet: "Med brød og vin er Kristi legeme og blod virkelig og væsentligt til stede, gives og modtages. Og skønt vi benægter, at der sker en forvandling af nadverelementerne og ikke mener, at Kristi legeme er lokalt indesluttet i brødet eller vedvarende er forbundet med det uden for brugen, så antager vi dog en sakramental forening af brødet og Kristi legeme, det vil sige, vi mener, at når brødet rækkes, så er Kristi legeme til stede og gives virkeligt. Men uden for brugen, når det opbevares eller bæres i procession, som hos katolikkerne, så mener vi, at Kristi legeme ikke er til stede". (5) Man præciserer ligeledes, at også de uværdige spiser Kristi legeme og blod, men til dom.

Under selve nadverhandlingen er Kristi legeme og blod altså virkelig og substantielt til stede og modtages med munden af både værdige og uværdige, så længe man ikke ændrer indstiftelsesordene og Kristi befaling. Dog sker det ikke på en grov, håndgribelig måde, så vi skulle knuse Kristi legeme, når vi tygger brødet, men på en overnaturlig, himmelsk måde. Luther sammenligner det med Jesu tilstedeværelse, da han efter opstandelsen kommer til disciplene gennem en lukket dør (Joh 20, 19). Da optog Jesus ingen plads i dørens materiale, som heller ikke blev forvandlet til hans kød. Efter nadverfejringens ophør er elementerne ikke længere bærere af Kristi legeme og blod. Det er derfor heller ikke nødvendigt at kassere det tiloversblevne, eller at præsten spiser og drikker det. Det kan udmærket anvendes igen ved næste nadver.

Dette syn fastholder Luther også i et brev 11. januar 1546, hvor en diakon ved et uheld var kommet til at blande indviede og uindviede oblater sammen. Den pågældende menighed brændte derfor oblaterne og spørger Luther om vejledning. I sit brev svarer Luther, at det er udmærket at brænde oblaterne, for at undgå forargelse, men "i virkeligheden var det ikke nødvendigt at ødelægge dem, da de efter brug ikke er et sakramente længere". (6)

I sin bog "Kirkens lutherske bekendelse" er Regin Prenter noget upræcis i forhold til disse kilder. Han trækker nogle højkirkelige konklusioner, som der ikke er dækning for i teksterne.

Reformatorernes bibelsyn

Kristi legemlige nærvær er altså begrænset til selve nadverhandlingen og må aldrig skygge for hovedsagen, nemlig at nadveren er indstiftet for at række os syndernes forladelse. Dette er faktisk ikke afhængigt af det legemlig nærvær, hvilket fremgår af dåb og absolution, som jo skænker tilgivelse også uden at være bærere af Jesu legeme og blod. I sit skrift "Mod de himmelske profeter" fra 1525 siger Luther direkte, at selvom der kun var brød og vin i nadveren, som nogle hævder, så ville der alligevel være syndsforladelse i sakramentet, hvis blot løftet var der ligesom i dåben. (7)

Når Luther kæmper så stædigt for realpræsensen, er det altså noget andet, der ligger ham på sinde, nemlig Bibelens autoritet og troværdighed. Det fremgår både af titlen på et af hans skrifter "At disse ord: Dette er mit legeme, osv., endnu står fast", og af de utallige gange, han direkte nævner det i sine mange nadverskrifter.

Han siger blandt andet: "Ingen må gøre vold på Guds ord, som så vidt muligt skal forstås i deres enkleste betydning og kun under klare tvingende omstændigheder tages i overført betydning". (8) Bibelens ord skal forstås efter almindelig sprogbrug og sund fornuft. (9)

I sit store nadverskrift "Om Kristi nadver" slutter Luther med ordene: "Det vil jeg berømme mig over for Gud, at jeg i dette skrift har vundet den sejr, der går ud på, at der ikke kan være nogen talefigur i nadveren, men at ordene skal forstås, som de lyder". (10) Modsat sværmerne, så "forstår vi det bogstaveligt, som ordene lyder". Nadverteksten "stammer nemlig fra Guds egen mund, der sagde dem med de selv samme ord og bogstaver". Det gælder "hvert eneste ord, hver eneste stavelse og hvert eneste bogstav". Ikke engang deres placering i Bibelen er tilfældig: "Gud selv har anbragt dem dér, hvor de står". (11)

Det er altså i forbindelse med Luthers mange nadverskrifter, vi finder den grundigste udfoldelse af hans bibelsyn. Det var især her, kampen for Bibelens inspiration og troværdighed stod. Luther slår her fast, at Bibelen er Guds ord helt ned til selve ordlyden og de enkelte bogstaver. Bibelteksten er anbragt der af Gud selv og ordene skal forstås, som de står, efter den almindelige sprogbrug. Hvis vi tillader en tilfældig symbolsk forståelse af nadverordene, har vi snart ikke en eneste sikker bibeltekst tilbage. Det er derfor, Luther kæmpede så energisk for Kristi legemlige nærvær i nadveren.

Bibelens autoritet

Hvad specielt angår Bibelens autoritet, kommer det måske endnu tydeligere frem i forbindelse med reformatorernes afvisning af den katolske praksis med kun at uddele brødet til lægfolket. Den katolske kirke begrundede denne praksis ud fra praktiske hensyn (for ikke at spilde vin) og forsvarede det med, at man jo egentlig fik Jesu blod i brødet, hvor Jesu legeme måtte formodes at være til stede også med sit blod. Selvom denne konklusion måske er rigtig, afviser reformatorerne den blankt, da den er i strid med indstiftelsesordene i Bibelen. Når Kristus udtrykkelig befaler os, at modtage både brød og vin, og når det fremgår af 1 Kor 11, 27 at hele menigheden fik både brød og vin, så kan kirken ikke hæve sig over dette (se artikel 22).

Kirken har ingen magt til at indføre en praksis, der er i direkte modstrid med Bibelen. Her træder forskellen mellem den lutherske og den katolske kirke tydeligt frem. Den katolske kirkes dogmer er supplementer til Bibelen og er undertiden i direkte modstrid med denne. De lutherske bekendelsesskrifter er derimod blot uddrag og sammenfatninger af Bibelens centrale lære. Her er der kun en åbenbaringskilde. Det er kun om de bibelske skrifter, det gælder: "Ingen af deres forfattere har nogensinde taget fejl". Det er nemlig kun apostlene, der har et sikkert løfte om, at de skulle være "ufejlbare lærere". (12) Da Bekendelsen imidlertid er en sammenfatning af Bibelens samlede lære, er den et værn mod en vilkårlig tolkning af løsrevne bibelsteder.

Noter

1)   Beck: "Man får ingen syndsforladelse i nadveren", IMT 1875, s. 260 (se også   Annexet 1990, s. 331).

Grundtvig, se "Udv. Skr.", 9, 482.

Chr. Møller følger Luther her - dog måske med en lidt anden vægtlæggen. Se: "Et Gjenmæle", Rønne 1870, s. 39-40.

2)   "Troens evangelium", Kbh. 1994, side 332.

3)   Se Luthers udfoldelse af dette i "Troens evangelium", side 133 og 135.

4)   Apologien 24, 70.

5)   Bekenntnisschriften, Göttingen 1982, side 65. (Min fremhævning).

6)   WA Br 11, 259 (extra usum nihil sit sacramentum). Oversat i" Udvalgte breve", Kbh. 1923, bind 2, side 429.

7)   WA 18, 204.

8)   WA 6, 509. "Om kirkens babyloniske fangenskab", Kbh. 1982, side 37.

9)   Samme skrift som ovenfor, side 42.

10) WA 26, 498. "Troens evangelium", Kbh. 1994, side 34.

11) Som ovenfor, side 309, 259, 105 og 260.

12) "Luthers Skrifter i Udvalg", Århus 1980, bind 1, side 325 og "Troen og livet", Kbh. 1992, side 154.

Den Augsburgske Bekendelse
dansk-latin

Trosbekendelse	**Confessio Fidei**
overrakt	exhibita
Den uovervindelige Hersker	Invictissimo Imperatori
Karl V	Carolo V
På rigsdagen i Augsburg	in Comitiis Augustæ
1530	Anno MDXXX.
———	———
Salme 119, 46:	Ps. 119:
Jeg vil tale om dine vidnesbyrd for øjnene af konger og ikke blive til skamme	Loquebar de testimoniis tuis in conspectu regum et non confundebar.

Fortale til Kejser Karl V
Uovervindelige Hersker, ophøjede
Kejser, allernådigste Herre
Deres kejserlige Majestæt har ud-
skrevet en rigsdag i Augsburg, for at
forhandle om hjælpetropper mod
tyrkerne, kristendommens og tro-
ens værste og ældste fjender, så vi
kan modstå deres raseri og angreb
med en stabil, stående hær. Men
desuden også på grund af uenighe-
derne i vores hellige religion og
kristne tro, så begge parter i kærlig-
hed, venligt og ydmygt kan få lejlig-
hed til at høre, forstå og drøfte disse
religionsanliggender offentligt. Det,
som begge parter fejlagtigt har be-
handlet eller forstået i skrifterne,
kunne så blive korrigeret eller fjer-
net, så sagen bliver bilagt og ført til-
bage til én klar sandhed og kristen
enighed. Herefter kan vi så have og
dyrke én, ren og sand religion. Lige-
som vi nu er og kæmper under én
Kristus, kunne vi så også leve i én
kirke i fællesskab og enighed. Vi
kurfyrster og fyrster, der har under-
skrevet os, og andre af vores fæller,
er blevet indkaldt til ovennævnte

Præfatio ad Cæsarem Carolum V
Invictissime imperator, Cæsar Au-
guste, domine clementissime
Quum vestra cæsarea majestas indi-
xerit conventum imperii Augustæ,
ut deliberetur de auxiliis contra
Turcam, atrocissimum, heredita-
rium atque veterem christiani no-
minis ac religionis hostem,
quomodo illius scilicet furori et co-
natibus durabili et perpetuo belli
apparatu resisti possit, deinde et de
dissensionibus in causa nostræ san-
ctæ religionis et christianæ fidei, et
ut in hac causa religionis partium
opiniones ac sententiæ inter sese in
caritate, lenitate et mansuetudine
mutua audiantur coram, intelligan-
tur et ponderentur, ut illis, quæ
utrinque in scripturis secus tractata
aut intellecta sunt, sepositis et cor-
rectis, res illæ ad unam simplicem
veritatem et Christianam concor-
diam componantur et reducantur,
ut de cetero a nobis una, sincera et
vera religio colatur et servetur, ut,
quemadmodum sub uno Christo
sumus et militamus, ita in una
etiam ecclesia christiana in unitate
et concordia vivere possimus;

rigsdag sammen med andre kurfyrster, fyrster og grever. Og for at efterkomme den kejserlige befaling
ankom vi til Augsburg i god tid. Ja,
uden at prale var vi faktisk blandt
de første.

Ved selve åbningen af rigsdagen
her i Augsburg foreslog deres Majestæt blandt andet, at kurfyrsterne,
fyrsterne og adelige fra de andre
områder i forlængelse af den kejserlige bestemmelse hver især skriftligt
burde udfærdige og fremlægge sine
synspunkter og meninger på tysk
og latin. Efter et samråd i onsdags
svarede vi da deres kejserlige Majestæt, at vi for vores del var rede til
at fremlægge vores bekendelse om
fredagen. For således at efterkomme
deres Majestæts ønske fremlægger
vi da her vores prædikanters og vores bekendelse omkring disse religiøse spørgsmål. Det er den lære, der
hidtil er blevet fremført i vores områder, fyrstendømmer, grevskaber
og byer og som er blevet forkyndt i
menighederne ud fra de hellige
skrifter og Guds rene ord.

quumque nos infra scripti elector et
principes cum aliis, qui nobis conjuncti sunt, perinde ut alii electores
et principes et status, ad præfata comitia evocati simus, ut cæsareo
mandato obedienter obsequeremur,
mature venimus Augustam, et,
quod citra jactantiam dictum volumus, inter primos adfuimus.

Quum igitur vestra cæsarea majestas electoribus, principibus et aliis
statibus imperii etiam hic Augustæ
sub ipsa initia horum comitiorum
inter cetera proponi fecerit, quod
singuli status imperii vigore cæsarei
edicti suam opinionem et senteniam in germanica et latina lingua
proponere debeant atque offerre; et
habita deliberatione, proxima feria
quarta, rursum responsum est,
vestræ cæsareæ majestati nos
proxima feria sexta articulos nostræ
confessionis pro nostra parte oblaturos esse, ideo, ut vestræ majestatis
voluntati obsequamur, offerimus in
hac religionis caussa nostrorum
concionatorum et nostram confessionem, cujusmodi doctrinam ex
scripturis sanctis et puro verbo dei
hactenus illi in nostris terris, ducatibus, ditionibus et urbibus tradiderint ac in ecclesiis tractaverint.

Hvis de andre kurfyrster, fyrster og grever også opstiller lignende skrifter på latin og tysk, så er vi rede til i al venlighed og inden for rimelige rammer at drøfter, hvordan vi på bedste måde når frem til en overenskomst. Så uenigheden med Guds hjælp kan blive bragt ud af verden uden ondsindet strid, men ved en fredelig drøftelse. Så sagen kan blive ført tilbage til én eneste, sand enighed i vores religion. For ligesom vi alle lever og kæmper under én Kristus, således bør vi også bekende én Kristus - som der hedder i deres kejserlige Majestæts bestemmelse. Det anråber vi Gud om med indtrængende bønner, så alt må blive ført igennem til Guds sandhed.

Men hvis forhandlingerne omkring de religiøse spørgsmål ikke skulle føre til noget på grund af vores modparts fyrster og grever. Eller hvis forhandlingerne ikke kan foregå fredeligt ved at hver part fremlægger sine skrifter, sådan som deres Majestæt viseligt har ønsket det. Hvis vi ikke skulle nå noget resultat

Quod si ceteri electores, principes, status imperii similibus scriptis, latinis scilicet et germanicis, juxta prædictam cæsaream propositionem suas opiniones in hac causa relgionis produxerint, hic nos coram vestra cæsarea majestate, tanquam domino nostro clementissimo, paratos offerimus, nos cum præfatis principibus et amicis nostris de tolerabilibus modis ac viis amice conferre, ut, quantum honeste fieri potest, conveniamus, et, re inter nos, partes, citra odiosam contentionem, pacifice agitata, deo dante, dissensio dirimatur et ad unam veram concordem religionem reducatur, sicut omnes sub uno Christo sumus et militamus et unum Christum confiteri debemus, juxta tenorem edicti vestræ cæsareæ majestatis, et omnia ad veritatem dei perducantur, id quod ardentissimis votis a deo petimus.

Si autem, quod ad ceteros electores, principes et status, ut partem alteram, attinet, hæc tractatio caussæ relgionis eo modo, quo vestra cæsarea majestas agendam et tractandam sapienter duxit, scilicet cum tali mutua præsentatione scriptorum ac sedata collatione, inter nos non processerit, nec aliquo

på denne måde, så erklærer vi
åbent, at vi ikke vil stå tilbage for
noget, der kan fremme den kristne
enighed, når blot vi kan forsvare det
over for Gud og med en god sam-
vittighed. Det håber vi, at deres kej-
serlige Majestæt og også de andre
fyrster og grever for andre områder,
og alle andre, der oprigtigt elsker
religionen og brænder for den, vil
kunne se af vores fælles bekendelse,
når den mødes med et åbent sind.

Deres Majestæt har desuden ven-
ligt, ikke blot én gang, men flere
gange tilkendegivet over for fyr-
sterne og også på rigsdagen i Speyer
i 1526 ladet oplyse og offentliggøre,
at De på grund af visse nævnte om-
stændigheder, hverken ville eller
kunne træffe afgørelser i religions-
anliggender. Derimod ville De over
for den romerske pave på embedets
vegne indtrængende arbejde på at
få indkaldt til et almindeligt kirke-
møde. Det samme blev uddybet på
rigsdagen i Speyer sidste år. Her lod
De gennem Den herre Ferdinand,
Bøhmens og Ungarns konge, vor
nådige ven og herre, og ligeledes
gennem den kejserlige ordfører og

fructu facta fuerit: nos quidem te-
statum clare relinquimus, hic nihil
nos, quod ad christianam concor-
diam quæ cum deo et bona cons-
cientia fieri possit, conciliandum
conducere queat, ullo modo detrec-
tare; quemadmodum et vestra cæs-
area majestas, deinde et ceteri elec-
tores et status imperii et omnes,
quicunque sincero relgionis amore
ac studio tenentur, quicunque hanc
caussam æquo animo audituri sunt,
ex hac nostra et nostrorum confes-
sione hoc clementer cognoscere et
intelligere dignabuntur.

Quum etiam vestra cæsarea maje-
stas electoribus, principibus et reli-
quis statibus imperii non una vice,
sed sæpe clementer significaverit et
in comitiis Spirensibus, quæ anno
domini &c. XXVI. habita sunt, ex
data et præscripta forma vestræ cæ-
sareæ instructionis et commissionis
recitari et publice prælegi fecerit,
vestram majestatem in hoc negotio
relgionis ex caussis certis, quæ
vestræ majestatis nomine allegatæ
sunt, non velle quicquam determi-
nare, nec concludere posse, sed
apud pontificem Romanum pro of-
ficio vestram cæsaream majestatem
diligenter daturam operam de
congregando concilio generali;

tillidsmændene kundgøre, at De var
blevet bekendt med og havde over-
vejet den betænkning om indkal-
delse af et kirkemøde. Det var den
betænkning, der var udarbejdet af
den kejserlige rigsforstander, præsi-
denten, rigsrådene og udsendinge
fra byerne, som havde været for-
samlet i Regensburg. Deres Maje-
stæt anså det for nyttigt at sammen-
kalde til et kirkemøde, og tvivlede
ikke på, at den romerske pave
kunne bevæges til at afholde et så-
dan almindeligt kirkemøde nu,
hvor de igangværende forhandlin-
ger mellem Dem og paven var tæt
på at føre til enighed og et kristent
forlig. Deres Majestæt tilkendegav
derfor at ville arbejde på at få paven
til i fællesskab med Deres Majestæt,
at sammenkalde til et almindeligt
kirkemøde, som så snarest muligt
ville blive bekendtgjort gennem ud-
sendte skrivelser.

quemadmodum idem latius exposi-
tum est ante annum in publico
proximo conventu, qui Spiræ
congregatus fuit, ubi vestra cæsarea
majestas per dominum Ferdinan-
dum, Bohemiæ et Ungariæ regem,
amicum et dominum clementem
nostrum, deinde per oratorem et
commissarios cæsareos, hæc inter
cetera proponi fecit, quod vestra
cæsarea majestas intellexisset et ex-
pendisset locum tenentis vestra cæ-
sarea majestas in imperio et præsi-
dentis et consiliariorum in regimine
et legatorum ab aliis statibus, qui
Ratisbonæ convenerant, deliberati-
onem de concilio congregando, et
quod judicaret etiam vestra cæsarea
majestas, utile esse, ut congregare-
tur concilium, et quia caussæ, quæ
tum tractabantur inter vestram cæs-
aream majestatem et Romanum
pontificem, vicinæ essent con-
cordiæ et christianæ reconciliationi,
non dubitaret vestra cæsarea maje-
stas, quin Romanus pontifex adduci
posset ad habendum generale con-
cilium: ideo significabat se vestra
cæsarea majestas operam daturam,
ut præfatus pontifex maximus una
cum vestra cæsarea majestate tale
generale concilium, primo quoque

I tilfælde af at disse uenigheder i
religionsspørgsmålene ikke skulle
blive bilagt i venlighed og kærlig-
hed, erklærer vi os hermed under-
danigt over for Deres Majestæt rede
til at komme og fremlægge vores
sag ved et sådant almindeligt, frit og
kristent kirkemøde. Det har der al-
tid været enighed om blandt fyrster
og grever på alle de rigsdage, Deres
Majestæt har afholdt. Vi har også
tidligere henvendt os til Deres Ma-
jestæt, på behørig vis og efter reg-
lerne, og opfordret til et sådant al-
mindeligt kirkemøde. Denne lov-
formelige henvendelse holder vi fast
ved, og vi har hverken til hensigt el-
ler er i stand til at opgive den på
grund af denne forhandling eller
nogen anden, med mindre da
uenigheden mellem os og vores
modpart bliver bilagt og ført tilbage
til en kristen enighed i al venlighed
og kærlighed, sådan som det hedder
i den kejserlige bekendtgørelse.
Herom afgiver vi nu også en højti-
delig og offentlig erklæring.

tempore emissis litteris publican-
dum, congregare consentiret.

In eventum ergo talem, quod in
caussa religionis dissensiones inter
nos et partes amice et in caritate
non fuerint compositæ, tunc coram
vestra cæsarea majestate hic in
omni obedientia nos offerimus ex
superabundanti comparituros et
caussam dicturos in tali generali, li-
bero et christiano concilio, de quo
congregando in omnibus comitiis
imperialibus, quæ quidem annis
imperii vestræ cæsareæ majestatis
habita sunt, per electores, principes
et reliquos status imperii semper
concorditer actum et congruentibus
suffragiis conclusum est; ad cujus
etiam generalis concilii conventum,
simul et ad vestram cæsaream ma-
jestatem in hac longe maxima et
gravissima caussa jam ante etiam
debito modo et in forma juris pro-
vocavimus et appellavimus. Cui ap-
pellationi ad vestram cæsaream ma-
jestatem simul et concilium adhuc
adhæremus, neque eam per hunc
vel alium tractatum, nisi caussa in-
ter nos et partes juxta tenorem cæ-
sareæ proximæ citationis amice in
caritate composita, sedata et ad
christianam concordiam reducta

fuerit, deserere intendimus aut pos-
sumus, de quo hic etiam solemniter
et publice protestamur.

1. Om Gud

1. Om Gud

Menighederne hos os lærer i fuld enighed, at det nikænske kirkemødes bestemmelse om det guddommelige væsens enhed og de tre personer er sandt og bør tros uden nogen tvivl. Nemlig at der er ét eneste guddommeligt væsen, som både kaldes og er Gud, evig, ulegemlig, udelelig, med uendelig magt, visdom og godhed. Skaber og opholder af alle ting, synlige som usynlige. Og alligevel er der tre personer, af samme væsen og magt og lige evige, Fader, Søn og Helligånd. Og ordet person bruges som de kirkelige skribenter gør i denne sag, så det betegner, ikke en del af nogen eller en egenskab ved nogen, men det, der består selvstændigt.

De fordømmer alle kætterier, der er opstået mod denne trosartikel. Manikæerne, der regner med to guddomsvæsner, et godt og et ondt.

De Deo

Ecclesiæ magno consensu apud nos docent, decretum Nicænæ synodi de unitate essentiæ divinæ et de tribus personis verum et sine ulla dubitatione credendum esse; videlicet, quod sit una essentia divina, quæ et appellatur et est Deus, æternus, incorporeus, impartibilis, immensa potentia, sapientia, bonitate; Creator et Conservator omnium rerum, visibilium et invisibilium; et tamen tres sint personæ ejusdem essentiæ et potentiæ, et coæternæ, Pater, Filius et Spiritus Sanctus. Et nomine personæ utuntur ea significatione, qua usi sunt in hac causa scriptores ecclesiastici, ut significet non partem aut qualitatem in alio, sed quod proprie subsistit.

Damnant omnes hæreses, contra hunc articulum exortas, ut Manichæos, qui duo principia pone-

Også valentianerne, arianerne, eunomianerne, muhamedanerne og lignende. Ligeledes samosatenerne, både de gamle og de nye, som kun regner med én person og bruger tvetydige spidsfindigheder om Ordet og Helligånden, så det ikke er forskellige personer, men at Ordet står for det talte ord og Ånden for bevægelsen i det skabte.

bant, bonum et malum, item Valentinianos, Arianos, Eunomianos, Mahometistas et omnes horum similes. Damnant et Samosatenos, veteres et neotericos, qui, quum tantum unam personam esse contendant, de Verbo et de Spiritu Sancto astute et impie rhetoricantur, quæ non sint personæ distinctæ, set quod Verbum significet verbum vocale et Spiritus motum in rebus creatum.

2. Om arvesynden

2. Om arvesynden

Ligeledes lærer de, at alle mennesker, der frembringes på naturlig vis efter Adams fald, fødes med synd. Det vil sige uden frygt for Gud, uden tillid til Gud og med ondt begær og stræben. Og denne medfødte tilbøjelighed eller skade er virkelig synd, som også nu fordømmer og bringer evig død over alle dem, der ikke genfødes ved dåb og Helligånd.

De fordømmer pelagianerne og andre, der benægter, at den med-

De peccato originis

Item docent, quod post lapsum Adæ omnes homines, secundum naturam propagati, nascantur cum peccato, hoc est, sine metu Dei, sine fiducia erga Deum et cum concupiscentia; quodque hic morbus seu vitium originis vere sit peccatum, damnans et afferens nunc quoque æternam mortem his, qui non renascuntur per baptismum et Spiritum Sanctum.

Damnant Pelagianos et alios, qui vitium originis negant esse peccatum et, ut extenuent gloriam meriti

fødte skade er synd. Og som forrin-
ger Kristi lidelses og fortjenestes
ære ved at hævde, at mennesket kan
blive retfærdig for Gud ved fornuf-
tens egne kræfter.

et beneficiorum Christi, disputant
hominem propriis viribus rationis
coram Deo justificari posse.

3. Om Guds Søn

3. Om Guds Søn

Videre lærer de, at Ordet, det vil
sige Guds søn, har antaget sig men-
neskelig natur i den salige Jomfru
Marias livmor, så to naturer, den
guddommelige og den menneske-
lige, uadskillelige forenede i perso-
nenheden, er én Kristus, sand Gud
og sandt menneske. Han blev født
af Jomfru Maria, led virkelig, blev
korsfæstet, døde og blev begravet -
for at forsone Faderen med os og
være et offer, ikke alene for den
medfødte skyld, men også for alle
vores aktuelle synder.

Den samme Kristus steg ned til
dødsriget og opstod virkelig på den
tredje dag. Dernæst steg han til
Himmels, for at sidde ved Faderens
højre hånd og regere og herske
evigt over alle skabninger - for at
han kan helliggøre dem, der tror på

De Filio Dei

Item docent, quod Verbum, hoc est,
Filius Dei, adsumserit humanam
naturam in utero beatæ Mariæ vir-
ginis, ut sint duæ naturæ, divina et
humana, in unitate personæ insepa-
rabiliter conjunctæ, unus Christus,
vere Deus et vere homo, natus ex
virgine Maria, vere passus, cruci-
fixus, mortuus et sepultus, ut recon-
ciliaret nobis Patrem, et hostia esset
non tantum pro culpa originis, sed
etiam pro omnibus actualibus ho-
minum peccatis.

Idem descendit ad inferos et vere
resurrexit tertia die, deinde ascendit
ad cælos, ut sedeat at dexteram Pa-
tris, et perpetuo regnet et domine-
tur omnibus creaturis, sanctificet
credentes in ipsum, misso in corda
eorum Spiritu Santo, qui regat, con-
soletur ac vivificet eos ac defendat

ham, ved at sende Helligånden i deres hjerter til at lede, trøste og levendegøre dem og forsvare dem mod Djævelen og syndens magt. Den samme Kristus skal komme igen at dømme levende og døde og så videre, ifølge Den Apostolske Trosbekendelse.

adversus diabolum et vim peccati. Idem Christus palam est rediturus, ut judicet vivos et mortuos etc. juxta Symbolum Apostolorum.

4. Om retfærdiggørelsen

4. Om retfærdiggørelsen

Ligeledes lærer de, at vi ikke kan retfærdiggøres over for Gud ved egne kræfter, fortjenester eller gerninger. Vi retfærdiggøres derimod gratis på grund af Kristus ved tro. Nemlig når vi tror, at vi tages til nåde og får syndernes forladelse på grund af Kristus. - Han som ved sin død har gjort fyldest for vores synder. En sådan tro anser Gud for retfærdighed over for sig, Romerbrevet 3 og 4.

De justificatione

Item docent, quod homines non possint justificari coram Deo propriis viribus, meritis aut operibus, sed gratis justificentur propter Christum per fidem, quum credunt, se in gratiam recipi et peccata remitti propter Christum, qui sua morte pro nostris peccatis satisfecit. Hanc fidem imputat Deus pro justitia coram ipso, Rom. 3 et 4.

5. Om det kirkelige embede

For at vi kan få en sådan tro, har Gud indstiftet et embede til at forkynde evangeliet og forvalte sakramenterne. For ved ord og sakramenter som midler skænkes Helligånden, der skaber tro i dem, der lytter til evangeliet - når og hvor Gud vil. Evangeliet om at Gud ikke på grund af vores fortjenester, men på grund af Kristus retfærdiggør dem, der tror, at de modtages i nåde på grund af Kristus.

De fordømmer gendøberne og andre, der mener, vi modtager Helligånden uden det ydre ord gennem egne forberedelser og gerninger.

De ministerio ecclesiastico

Ut hanc fidem consequamur, institutum est ministerium docendi evangelii et porrigendi sacramenta. Nam per verbum et sacramenta, tamquam per instrumenta, donatur Spiritus Sanctus, qui fidem efficit, ubi et quando visum est Deo, in iis, qui audiunt evangelium; scilicet quod Deus non propter nostra merita, sed propter Christum justificet hos, qui credunt se propter Christum in gratiam recipi.

Damnant Anabaptistas et alios, qui sentiunt Spiritum Sanctum contingere sine verbo externo hominibus per ipsorum præparationes et opera.

6. Om troens frugter eller de gode gerninger

Ligeledes lærer de, at denne tro bør bære gode frugter og gøre gode gerninger, påbudt af Gud. Men på grund af Guds vilje og ikke for at sætte sin lid til, at disse gerninger fortjener retfærdiggørelse over for Gud. For syndernes forladelse og retfærdiggørelsen gribes ved tro, sådan som også Kristi ord bevidner: "Når I har gjort alt dette, skal I sige: Vi er unyttige tjenere." Sådan lærer også de gamle kirkelærere. Ambrosius siger nemlig: "Dette har Gud bestemt, at den, der tror på Kristus, er frelst, idet han uden gerninger, alene ved troen, for intet modtager syndernes forladelse."

De fidei fructibus seu bonis operibus

Item docent, quod fides illa debeat bonos fructus parere, et quod oporteat bona opera, mandata a Deo, facere propter voluntatem Dei, non ut confidamus per ea opera justificationem coram Deo mereri. Nam remissio peccatorum et justificatio fide adprehenditur, sicut testatur et vox Christ: Quum feceritis hæc omnia, dicite: Servi inutiles sumus. Idem docent et veteres scriptores ecclesiastici. Ambrosius enim inquit: Hoc constitutum est a Deo, ut, qui credit in Christum, salvus sit sine opere, sola fide gratis accipiens remissionem peccatorum.

7. Om kirken

Ligeledes lærer de, at der altid vil eksistere én, hellig kirke. Men kirken er de helliges og troendes forsamling, hvor evangeliet læres ret og sakramenterne forvaltes i overensstemmelse med evangeliet.

Til sand kirkelig enhed er det nok, at være enige om evangeliets lære og forvaltningen af sakramenterne. Det er ikke nødvendigt, at de samme menneskelige traditioner, ritualer eller ceremonier, der er indstiftet af mennesker, findes overalt. Som Paulus siger: "Én tro, én dåb, én Gud og alles fader og så videre".

De ecclesia

Item docent, quod una sancta ecclesia perpetuo mansura sit. Est autem ecclesia congregatio sanctorum, in qua evangelium recte docetur et recte administrantur sacramenta.

Et ad veram unitatem ecclesiæ satis est, consentire de doctrina evangelii et administratione sacramentorum. Nec necesse est ubique esse similes traditiones humanas, seu ritus aut ceremonias ab hominibus institutas. Sicut inquit Paulus: Una fides, unum baptisma, unus Deus et Pater omnium etc.

8. Om nådemidlernes kraft, når de forvaltes af onde

Kirken i egentlig forstand er en forsamling af hellige og sandt troende, men er i dette liv sammenblandet med mange hyklere og onde. Derfor er det tilladt at benytte sakramenter, der forvaltes af onde. Som Kristus siger: "De skriftkloge og farisæerne sidder på Moses' lærestol osv." Og både sakramenterne og ordet er virksomme på grund af Kristi indstiftelse og befaling, selvom de forvaltes af onde.

De fordømmer donatisterne og lignende, der benægter, at det er tilladt at gøre brug af onde menneskers tjeneste, og som mener, de ondes tjeneste er unyttig og uvirksom.

De vi sacrorum per malos administratorum

Quanquam ecclesia proprie sit congregatio sanctorum et vere credentium, tamen, quum in hac vita multi hypocritæ et mali admixti sint, licet uti sacramentis, quæ per malos administrantur, juxta vocem Christi: Sedent scribæ et Pharisæi in cathedra Mosi etc. Et sacramenta et verbum propter ordinationem et mandatum Christi sunt efficacia, etiamsi per malos exhibeantur.

Damnant Donatistas et similes, qui negabant licere uti ministerio malorum in ecclesia, et sentiebant ministerium malorum inutile et inefficax esse.

9. Om dåben

Om dåben lærer de, at den er nød-
vendig til frelse og at Guds nåde
skænkes i dåben. Og man bør også
døbe børnene, som modtager Guds
nåde, når de i dåben overgives til
ham.

De fordømmer gendøberne, der
ikke anerkender barnedåben og for-
sikrer, at børnene bliver frelst uden
dåb.

De baptismo

De baptismo docent, quod sit
necessarius ad salutem, quodque
per baptismum offeratur gratia Dei,
et quod pueri sint baptizandi, qui
per baptismum oblati Deo recipian-
tur in gratiam Dei.

Damnant Anabaptistas, qui im-
probant baptismum puerorum ac
affirmant pueros sine baptismo
salvos fieri.

10. Om nadveren

10. Om nadveren

Om nadveren lærer de, at Kristi le-
geme og blod virkelig er til stede og
gives til deltagerne under måltidet.
Og de misbilliger dem, der lærer
anderledes.

De coena Domini

De coena Domini docent, quod
corpus et sanguis Christi vere
adsint et distribuantur vescentibus
in coena Domini; et improbant se-
cus docentes.

11. Om skriftemålet

Om skriftemålet lærer de, at den personlige sjælesorg med tilsigelse af syndernes forladelse bør bevares i kirken. Det er dog ikke nødvendigt, at opregne alle fejltrin. Det er nemlig umuligt ifølge Salme 19: "Hvem kender sine fejltrin?"

De confessione

De confessione docent, quod absolutio privata in ecclesiis retinenda sit, quanquam in confessione non sit necessaria omnium delictorum enumeratio. Est enim impossibilis juxta Psalmum: Delicta quis intelligit?

12. Om boden

12. Om boden

Om boden lærer de, at dem, der falder i synd efter dåben, altid kan få syndernes forladelse, hvis de omvender sig. Og kirken bør tilsige syndsforladelse til dem, der gør bod. Helt nøjagtig består boden af to stykker: Det ene er anger eller den angst, samvittigheden mærker, når synden erkendes. Det andet er tro, som bliver til ved evangeliet eller syndsforladelsen. Det er en tro, der tror, at synderne forlades på grund af Kristus og som trøster

De poenitentia

De poenitentia docent, quod lapsis post baptismum contingere possit remissio peccatorum quocunque tempore, cum convertuntur; et quod ecclesia talibus redeuntibus ad poenitentiam absolutionem impartiri debeat. Constat autem poenitentia proprie his duabus partibus. Altera est contritio seu terrores incussi conscientiæ agnito peccato. Altera est fides, quæ concipitur ex evangelio seu absolutione, et credit propter Christum remitti peccata, et consolatur conscientiam et ex

samvittigheden og befrir fra angsten. Derefter bør de gode gerninger følge, som er en frugt af boden.

De fordømmer gendøberne, der benægter, at de, der én gang er retfærdiggjorte, kan miste Helligånden. Også dem, der påstår, at nogle allerede her i livet kan nå et så højt stade, at de ikke længere kan falde i synd.

Også novatianerne fordømmes, som ikke vil tilsige syndsforladelse til dé bodfærdige, der er faldet i synd efter dåben.

Også de forkastes, der ikke lærer, at vi opnår syndernes forladelse ved tro, men i stedet henviser os til at optjene nåde ved vores bodsydelser.

terroribus liberat. Deinde sequi debent bona opera, quæ sunt fructus poenitentiæ.

Damnant Anabaptistas, qui negant semel justificatos posse amittere Spiritum Sanctum; item, qui contendunt, quibusdam tantam perfectionem in hac vita contingere, ut peccare non possint.

Damnantur et Novatiani, qui nolebant absolvere lapsos, post baptismum redeuntes ad poenitentiam.

Rejiciuntur et isti, qui non docent remissionem peccatorum per fidem contingere, set jubent nos mereri gratiam per satisfactiones nostras.

13. Om sakramenternes brug

Om sakramenternes brug lærer de, at de ikke er indstiftet blot for at være ydre kendetegn blandt mennesker, men meget mere for at være tegn og vidnesbyrd om Guds sindelag mod os. Indstiftet for at vække og styrke troen i dem, der bruger sakramenterne. Derfor bør sakramenterne bruges sådan, at troen kommer til. Den tro, der tror de løfter, der gives og tydeliggøres i sakramenterne.

De fordømmer derfor dem, der lærer, at sakramenterne retfærdiggør blot ritualet udføres og som ikke lærer, at der ved brugen af dem fordres en tro, der tror, at synderne forlades.

De usu sacramentorum

De usu sacramentorum docent, quod sacramenta instituta sint, non modo ut sint notæ professionis inter homines, sed magis ut sint signa et testimonia voluntatis Dei erga nos, ad excitandam et confirmandam fidem in his, qui utuntur, proposita. Itaque utendum est sacramentis ita, ut fides accedat, quæ credat promissionibus, quæ per sacramenta exhibentur et ostenduntur.

Damnant igitur illos, qui docent, quod sacramenta ex opere operato justificent, nec docent fidem requiri in usu sacramentorum, quæ credat remitti peccata.

14. Om den kirkelige orden

14. Om den kirkelige orden

Om den kirkelige ordning lærer de, at ingen bør lære offentligt i kirken eller forvalte sakramenterne uden at være kaldet på ret vis.

De ordine ecclesiastico

De ordine ecclesiastico docent, quod nemo debeat in ecclesia publice docere aut sacramenta administrare, nisi rite vocatus.

15. Om de kirkelige skikke eller de menneskelige traditioner

Om de kirkelige skikke lærer de, at de skikke bør blive, hvor det kan ske uden synd, og som tjener til god ro og orden. Det gælder helligdage, fester og lignende.

Vi minder dog om, at samvittigheden ikke skal bekymre sig om disse ting, da de ikke er frelsesnødvendige.

Vi minder også om, menneskelige traditioner, indstiftet for at forsone Gud, fortjene nåde og udbedre synden, strider mod evangeliet og troen. Derfor er traditioner om specielle spiser og dage osv. og løfter, der er indstiftet for at fortjene nåde og godtgøre synden, unyttige og stridende mod evangeliet.

De ritibus ecclesiasticis seu traditionibus humanis

De ritibus ecclesiasticis docent, quod ritus illi servandi sint, qui sine peccato servari possunt et prosunt ad tanquillitatem et bonum ordinem in ecclesia, sicut certæ feriæ, festa et similia.

De talibus rebus tamen admonentur homines, ne conscientiæ onerentur, tamquam talis cultus ad salutem necessarius sit.

Admonentur etiam, quod traditiones humanæ insitutæ ad placandum Deum, ad promerendam gratiam et satisfaciendum pro peccatis, adversentur evangelio et doctrinæ fidei; quare vota et traditiones de cibis et diebus etc. institutæ ad promerendam gratiam et satisfaciendum pro peccatis, inutiles sint et contra evangelium.

16. Om samfundsordningen

16. Om samfundsordningen

Om samfundsordningen lærer de, at de offentlige instanser er Guds gode gerninger. Derfor er det også tilladt kristne at have job i det offentlige, som dommer at dømme efter statens og andre gældende love, og at fastsætte passende straffe. At deltage i uundgåelige krige og være soldat. Indgå redelige handelsaftaler, have ejendom, aflægge ed på forlangende og gifte sig.

De fordømmer gendøberne, der forbyder kristne disse offentlige hverv. De fordømmer også dem, der ikke lader den evangeliske fuldkommenhed bestå i gudsfrygt og tro, men i at afsondre sig fra samfundet. Evangeliet lærer nemlig en evig retfærdighed i hjertet og afviser ikke den almindelige samfundsorden og familielivet. Tværtimod bør de bevares som Guds ordninger, hvor næstekærligheden skal praktiseres. Derfor bør kristne nødvendigvis adlyde landets love - med mindre der befales at synde. Man bør nemlig adlyde Gud mere end mennesker, ApG 5.

De rebus civilibus

De rebus civilibus docent, quod legitimæ ordinationes civiles sint bona opera dei; quod christianis liceat gerere magistratus, exercere judicia, judicare res ex imperatoriis et aliis præentibus legibus, supplicia jure constituere, jure bellare, militare, lege contrahere, tenere proprium, jusjurandum postulantibus magistratibus dare, ducere uxorem, nubere.

Damnant Anabaptistas, qui interdicunt hæc civilia officia christianis: damnant et illos, qui evangelicam perfectionem non collocant in timore dei et fide, sed in deserendis civilibus officiis, quia evangelium tradit justitiam æternam cordis; interim non dissipat politiam aut oeconomiam, sed maxime postulat conservare tamquam ordinationes dei et in talibus ordinationibus exercere caritatem. Itaque necessario debent christiani oboedire magistratibus suis et legibus, nisi cum jubent peccare; tunc enim magis debent obedire deo quam hominibus. Actor. 5.

17. Om Kristi genkomst til dom

Ligeledes lærer de, at Kristus skal komme synligt til dom ved verdens afslutning. Han vil opvække alle døde. De retfærdige og udvalgte vil han give evigt liv og glæde uden ophør. De ugudelige mennesker og djævlene vil han idømme evig straf.

De fordømmer gendøberne, der mener, at de fordømte menneskers og djævles straffe vil få ende. De fordømmer også dem, der nu udbreder jødiske teorier om, at de fromme skal få verdensherredømmet før de dødes opstandelse og efter at de ugudelige er nedkæmpet overalt.

De christi reditu ad judicium

Item docent, quod Christus adparebit in consummatione mundi ad judicandum, et mortuos omnes resuscitabit, piis et electis dabit vitam æternam et perpetua gaudia, impios autem homines ac diabolos condemnabit, ut sine fine crucientur.

Damnant Anabaptistas, qui sentiunt hominibus damnatis ac diabolis finem poenarum futurum esse. Damnant et alios, qui nunc spargunt judaicas opiniones, quod ante resurrectionem mortuorum pii regnum mundi occupaturi sint, ubique orppressis impiis.

18. Om den frie vilje

Om den frie vilje lærer de, at mennesket vilje har en vis frihed til at leve ordentligt udadtil og foretage valg i de ting, fornuften forstår. Men uden Helligånden har vi ikke magt til at præstere den retfærdighed, der gælder for Gud, den åndelige retfærdighed. Et sjæleligt menneske begriber nemlig ikke det, der hører Guds Ånd til. Det sker kun i de hjerter, hvor Helligånden modtages gennem ordet.

Det er nøjagtig hvad Augustin siger i 3. bog af Hypognosticon: "Vi indrømmer, at alle mennesker har en fri vilje, da de har fornuftens brug. Uden Guds hjælp formår de dog intet i de ting, der har med Gud at gøre, men alene hvad angår dette liv, såvel gode som onde handlinger. Med gode handlinger mener jeg, de ting, der stammer fra den gode natur, som at ville arbejde, spise og drikke, have venner, tøj, hjem og familie, avle kvæg, uddanne sig til noget godt, i det hele taget at ville noget godt i de ting, der hører dette liv til. Alt dette sker dog ikke uden guddommelig bi-

De libero arbitrio

De libero arbitrio docent, quod humana voluntas habeat aliquam libertatem ad efficiendam civilem justitiam et deligendas res rationi subjectas. Sed non habet vim sine Spiritu Sancto efficiendæ justitiæ Dei seu justitiæ spiritualis, quia animalis homo non percipit ea, quæ sunt Spiritus Dei; sed hæc fit in cordibus, quum per verbum Spiritus Sanctus concipitur.

Hæc totidem verbis dicit Augustinus lib.III. Hypognosticon:Esse fatemur liberum arbitrium omnibus hominibus, habens quidem judicium rationis, non per quod sit idoneum in iis, quæ ad Deum pertinent, sine Deo aut inchoare aut certe peragere, sed tantum in operibus vitæ præsentis, tam bonis quam etiam malis. Bonis dico, quæ de bono naturæ oriuntur, id est, velle laborare in agro, velle manducare et bibere, velle habere amicum, velle habere indumenta, velle fabricare domum, uxorem velle ducere, pecora nutrire, artem discere diversarum rerum bonarum, vel quicquid bonum ad præsentem

stand, for af Ham og ved Ham består det og blev det til. Med onde handlinger mener jeg, at ville dyrke afguder, være morder og så videre.

De fordømmer pelagianerne og andre, som lærer, at vi kan elske Gud over alle ting, alene ved hjælp af vores naturlige evner og uden Helligåndens hjælp. Og at vi kan holde Guds bud, hvad selve handlingerne angår. For selvom vores natur til dels kan gøre de ydre gerninger - som at holde hånden tilbage fra at begå tyveri og mord - så kan vi dog ikke fremkalde de indre affekter som frygt for Gud, tillid til Gud, mådehold, tålmodighed og så videre.

pertinet vitam. Quæ omnia non sine divino gubernaculo subsistunt, imo ex ipso et per ipsum sunt et esse coeperunt. Malis vero dico, ut est, velle idolum colere, velle homicidium etc.

Damnant Pelagianos et alios, qui docent, quod sine Spiritu Sancto, solis naturæ viribus possimus Deum super omnia diligere, item præcepta Dei facere quoad substantiam actuum. Quamquam enim externa opera aliquo modo efficere natura possit (potest enim continere manus a furto, a cæde), tamen interiores motus non potest efficere, ut timorem Dei, fiduciam erga Deum, castitatem, patientiam etc.

19. Om syndens årsag

Om syndens årsag lærer de, at
selvom Gud skaber og opholder na-
turen, så er syndens årsag dog at
søge i viljen hos de onde, det vil sige
Djævelen og de ugudelige. Når Gud
ikke står dem bi, vender de sig fra
ham, som Kristus siger i Johannes
8: "Når han taler løgn, taler han af
sit eget".

De caussa peccati

De caussa peccati docent, quod, ta-
metsi Deus creat et conservat na-
turam, tamen caussa peccati est vo-
luntas malorum, videlicet diaboli et
impiorum, quæ, non adjuvante
Deo, avertit se a Deo, sicut Christus
ait Joann.8: Quum loquitur men-
dacium, ex se ipso loquitur.

20. Om de gode gerninger – udførlig forklaring

20. Om de gode gerninger – udfør-
lig forklaring

Med urette anklages vores folk for
at forbyde gode gerninger. For bø-
ger, der gennemgår De Ti Bud og
lignende, viser, at de lærer gavnligt
om alle samfundsmæssige relatio-
ner og hvilke gerninger, der i de
forskellige forhold i livet er Gud til
behag. Dette blev tidligere kun sjæl-
dent nævnt. I stedet fremhævede
man barnlige og unødvendige ger-
ninger som specielle helligdage, fa-
stedage, munkeordener, valfarter,

De bonis operibus - uberior expo-
sito

Falso accusantur nostri, quod bona
opera prohibeant. Nam scripta eo-
rum, quæ exstant de decem præ-
ceptis, et alia simili argumento te-
stantur, quod utiliter docuerint de
omnibus vitæ generibus et officiis,
quæ genera vitæ, quæ opera in
qualibet vocatione Deo placeant. De
quibus rebus olim parum docebant
concionatores, tantum puerilia et
non necessaria opera urgebant, ut
certas ferias, certa jejunia, fraterni-

helgendyrkelse, bederemme, mun-
kevæsenet og lignende.

Alt dette er vore modstandere nu
holdt op med, efter at de er blevet
belært, så de ikke længere nævner
disse ting så meget som før. Ja, de
begynder endda at nævne troen,
som før blev forbigået i største tavs-
hed. De lærer os, at vi ikke retfær-
diggøres alene ved gerninger, men
forbinder tro og gerninger og lærer
os, at vi retfærdiggøres ved tro og
gerninger tilsammen. Denne lære er
lettere at tolerere end den forrige og
kan bringe mere trøst end deres tid-
ligere lære.

Læren om troen, som bør have
den mest betydningsfulde plads i
kirken, har altså længe ligget hen-
gemt som ukendt. Alle må jo nød-
vendigvis indrømme, at der i for-
kyndelsen har hersket total tavshed
om den retfærdiggørende tro og
alene læren om gerninger har lydt i
kirken. Derfor underviser vi om
troen således:

Først og fremmest at vore gernin-
ger ikke kan forsone Gud eller for-
tjene syndernes forladelse, nåde og
retfærdiggørelse. Det opnås kun
ved tro, når vi tror, at vi modtager
nåde på grund af Kristus, som alene

tates, peregrinationes, cultus sanc-
torum, rosaria, monachatum et si-
milia.

Hæc adversarii nostri admoniti
nunc dediscunt, nec perinde prædi-
cant hæc inutilia opera ut olim.
Præterea incipiunt fidei mentionem
facere, de qua olim mirum erat si-
lentium. Docent nos non tantum
operibus justificari, sed conjungunt
fidem et opera, et dicunt nos fide et
operibus justificari. Quæ doctrina
tolerabilior est priore, et plus afferre
potest consolationis quam vetus ip-
sorum doctrina.

Quum igitur doctrina de fide,
quam oportet in ecclesia præ-
cipuam esse, tam diu jacuerit ig-
nota, quemadmodum fateri omnes
necesse est, de fidei justitia altissi-
mum silentium fuisse in concioni-
bus, tantum doctrinam operum
versatam esse in ecclesiis, nostri de
fide sic admonuerunt ecclesias:

Principio, quod opera nostra non
possint reconciliare Deum, aut me-
reri remissionem peccatorum et
gratiam et justificationem, sed hanc
tantum fide consequimur, creden-

er sat frem som fredsmægler og
sonoffer ved hvem Faderen forso-
nes. Den, der således stoler på at
fortjene nåde ved hjælp af gernin-
ger, ringeagter Kristi fortjeneste og
nåde, og forsøger uden om Kristus
at finde en vej til Gud via menne-
skelige kræfter. Og det skønt Kri-
stus har sagt om sig selv: "Jeg er ve-
jen, sandheden og livet".

Denne lære om troen behandles
overalt hos Paulus. Således i Efeser-
brevet 2: "Af nåde er I frelst ved tro;
det skyldes ikke jer selv; Det er
Guds gerning, ikke ved gerninger",
og så videre. Og for at ingen skal
komme med spidsfindigheder om,
at vi bringer en helt ny tolkning af
Paulus, har hele denne sag kirke-
fædrenes vidnesbyrd. For Augustin
forsvarer nåden og troens retfær-
dighed over for gerningernes fortje-
neste i mange af sine skrifter. Det
samme gør også Ambrosius i sit
skrift "Om hedningernes kaldelse"
og andre steder. Her siger han
blandt andet: "Forløsningen ved
Kristus ville blive ringeagtet og de
værdifulde menneskelige gerninger
ville ikke underkaste sig Guds
barmhjertighed, hvis retfærdiggø-
relsen, som sker på grund af nåde, i

tes, quod propter Christum reci-
piamur in gratiam, qui solus positus
est mediator et propitiatorium, per
quem reconcilietur Pater. Itaque
qui confidit operibus se mereri gra-
tiam, is aspernatur Christi meritum
et gratiam, et quærit sine Christo
humanis viribus viam ad Deum,
quum Christus de se dixerit: Ego
sum via, veritas et vita.

Hæc doctrina de fide ubique in
Paulo tractatur; Eph. 2: Gratia salvi
facti estis per fidem, et hoc non ex
vobis, Dei donum est, non ex operi-
bus etc. Et ne quis cavilletur a nobis
novam Pauli interpretationem ex-
cogitari, tota hæc caussa habet testi-
monia patrum. Nam Augustinus
multis voluminibus defendit gra-
tiam et justitiam fidei contra merita
operum. Et similia docet Ambro-
sius De Vocatione Gentium et alibi.
Sic enim inquit De Vocatione
Gentium: Vilesceret redemptio san-
guinis Christi, nec misericordiæ Dei
humanorum operum prærogativa
succumberet, si justificatio, quæ fit
per gratiam, meritis præcedentibus
deberetur, ut non munus largientis,
sed merces esset operantis.

stedet skyldtes forudgående fortje-
nester. Så ville det ikke være den
gavmildes foræring, men den arbej-
dendes løn."

Men selvom denne lære ringeag-
tes af de uerfarne, så erfarer
fromme og ængstede samvittighe-
der dog, hvor meget trøst den brin-
ger. Samvittigheden kan nemlig
ikke stilles til ro ved nogen gerning,
men alene ved tro, når den sikkert
skønner, at vi på grund af Kristus
har en forsonet Gud. Sådan lærer
også Paulus i Romerbrevet 5: "Ret-
færdiggjort af tro har vi fred med
Gud." Hele denne lære må forstås
ud fra den ængstede samvittigheds
kamp, og hvis man ser bort fra
denne kamp, bliver den uforståelig.
Derfor er uerfarne og verdslige
mennesker uegnede til at dømme i
denne sag, hvis de forestiller sig, at
den kristne retfærdighed ikke er an-
det end en borgerlig eller etisk ret-
færdighed.

Tidligere blev samvittighederne
plaget med læren om gerninger
uden at høre evangeliets trøst.
Nogle blev drevet ud i ørkenen, an-
dre i kloster, hvor de håbede at for-
tjene nåde gennem munkelivet. An-
dre udtænkte andre gerninger, for
derved at opnå nåde og gøre fyldest

Quanquam autem hæc doctrina
contemnitur ab imperitis, tamen
experiuntur piæ ac pavidæ cons-
cientiæ plurimum eam consolatio-
nis adfere, quia conscientiæ non
possunt reddi tranquillæ per ulla
opera, sed tantum fide, quum certo
statuunt, quod propter Christum
habeant placatum Deum, quemad-
modum Paulus docet Rom. 5: Justi-
ficati per fidem, pacem habemus
apud Deum. Tota hæc doctrina ad
illud certamen perterrefactæ cons-
cientiæ referenda est, nec sine illo
certamine intelligi potest. Quare
male judicant de ea re homines im-
periti et profani, qui christianam
justitiam nihil esse somniant, nisi
civilem et philosophicam justitiam.

Olim vexabantur conscientiæ do-
ctrina operum, non audiebant ex
evangelio consolationem. Quosdam
conscientia expulit in desertum, in
monasteria, sperantes ibi se gratiam
merituros esse per vitam mona-
sticam. Alii alia excogitaverunt
opera ad promerendam gratiam et

for synden. Derfor var det i højeste grad nødvendigt, at læren om troen på Kristus blev genopdaget og formidlet, så de ængstede samvittigheder ikke skulle mangle trøst, men vide at det netop er ved tro på Kristus, vi modtager nåde, syndsforladelse og retfærdiggørelse.

Desuden minder vi om, at ordet "tro" ikke kun betegner en historisk viden, som selv de ugudelige og Djævelen kan have. Det betegner en tro, der ikke alene tror historien, men også historiens virkning, nemlig denne trosartikel: Syndernes forladelse - at vi på grund af Kristus har nåde, retfærdighed og syndernes forladelse.

Den, som nu véd, at han på grund af Kristus har en forsonet Fader, han kender i sandhed Gud. Han ved sig at være under beskyttelse og påkalder Gud. Han er ikke uden Gud, som hedningerne er. For Djævelen og de ugudelige kan ikke tro denne trosartikel: Syndernes forladelse. Derfor hader de Gud som en fjende. De påkalder ham ikke og venter sig intet godt af ham. Også Augustin minder sine læsere om ordet "tro" på samme måde. Han siger, at ordet "tro" ikke bruges om viden, som

satisfaciendum pro peccatis. Ideo magnopere fuit opus hanc doctrinam de fide in Christum tradere et renovare, ne deesset consolatio pavidis conscientiis, sed scirent, fide in Christum adprehendi gratiam et remissionem peccatorum et justificationem.

Admonentur etiam homines, quod hic nomen fidei non significet tantum historiæ notitiam, qualis est in impiis et diabolo, sed significet fidem, quæ credit non tantum historiam, sed etiam effectum historiæ, videlicet hunc articulum, remissionem peccatorum, quod videlicet per Christum habeamus gratiam, justitiam et remissionem peccatorum.

Jam qui scit se per Christum habere propitium Patrem, is vere novit Deum, scit se ei curæ esse, invocat eum, denique non est sine Deo, sicut gentes. Nam diaboli et impii non possunt hunc articulum credere: remissionem peccatorum. Ideo Deum tamquam hostem oderunt, non invocant eum, nihil boni ab eo exspectant. Augustinus etiam de fidei nomine hoc modo admonet lectorem et docet in Scripturis nomen fidei accipi non pro notitia, qualis est in impiis, sed pro

også kan være i de ugudelige, men om tillid. Den tillid, der trøster og oprejser det ængstede sind.

Dernæst lærer vi, at man nødvendigvis må gøre gode gerninger. Ikke for at stole på, at vi derved fortjener nåde, men af hensyn til Guds vilje. For det er alene ved tro, vi griber syndernes forladelse og nåden. Og fordi vi ved tro modtager Helligånden, fornys hjertet nu og frembringer nye rørelser, så vi kan gøre gode gerninger. Således siger Ambrosius nemlig: "Det er troen, der er mor til de gode viljer og de rette gerninger". For uden Helligånden er de menneskelige kræfter fyldt af ugudelige affekter og alt for svage til at gøre gerninger, der er gode i Guds øjne. Dertil kommer at de er i Djævelens magt, der driver mennesker til alle slags synder, til ugudelige meninger og åbenlyse laster Det kan ses hos filosofferne, der selv har bestræbt sig på at leve et korrekt liv og alligevel ikke har formået det., men er blevet besmittet med alle slags åbenlyse laster. Så dybt svækket er mennesket, når det er uden tro og Helligånd, og alene er henvist til egne kræfter.

Det fremgår således klart, at denne lære ikke bør anklages for at

fiducia, quæ consolatur et erigit perterrefactas mentes.

Præterea docent nostri, quod necesse sit bona opera facere, non ut confidamus per ea gratiam mereri, sed propter voluntatem Dei. Tantum fide adprehenditur remissio peccatorum ac gratia. Et quia per fidem accipitur Spiritus Sanctus, jam corda renovantur et induunt novos affectus, ut parere bona opera possint. Sic enim ait Ambrosius: Fides bonæ voluntatis et justæ actionis genitrix est. Nam humanæ vires sine Spiritu Sancto plenæ sunt impiis affectibus et sunt imbecilliores, quam ut bona opera possint efficere coram Deo. Ad hæc sunt in potestate diaboli, qui impellit homines ad varia peccata, ad impias opiniones, ad manifesta scelera; quemadmodum est videre in philosophis, qui et ipsi conati honeste vivere, tamen id non potuerunt efficere, sed contaminati sunt multis manifestis sceleribus. Talis est imbecillitas hominis, quum est sine fide et sine Spiritu Sancto et tantum humanis viribus se gubernat.

Hinc facile apparet, hanc doctrinam non esse accusandam, quod

forhindre gode gerninger, men meget snarere roses for at vise, hvordan vi bliver i stand til at gøre gode gerninger. For uden tro kan den menneskelige natur på ingen måde opfylde det første og andet bud. Uden tro påkalder vi ikke Gud, forventer intet fra ham, accepterer ikke korsets modgang, men søger menneskelig hjælp og sætter vores lid til den. Og hjertet styres af alle slags lyster og menneskelige meninger, når troen og tilliden til Gud er væk. Derfor siger også Kristus: "Uden mig kan I slet intet gøre", Johannes 15. Og kirken synger: "Uden din guddomskraft er der intet godt i mennesket, intet er uden synd."

bona opera prohibeat, sed multo magis laudandam, quod ostendit, quomodo bona opera facere possimus. Nam sine fide nullo modo potest humana natura primi aut secundi præcepti opera facere. Sine fide non invocat Deum, a Deo nihil exspectat, non tolerat crucem, sed quærit humana præsidia, confidit humanis præsidiis. Ita regnant in corde omnes cupiditates et humana consilia, quum abest fides et fiducia erga Deum. Quare et Christus dixit: Sine me nihil potestis facere, Joan. 15. Et ecclesia canit: Sine tuo numine nihil est in homine, nihil est innoxium.

21. Om helgendyrkelsen

Om helgendyrkelsen lærer de, at man kan omtale helgenernes historie, for at man kan efterfølge deres tro og gode gerninger i forskellige livsforhold. Således kan Kejseren efterfølge David, når der føres krig for at holde fjenden ude af landet - de er jo begge regenter. Men Skriften lærer intet om at påkalde helgenerne eller søge hjælp hos dem. For der er kun én eneste Kristus, som er givet os som fredsmægler, sonoffer, ypperstepræst og talsmand. Det er ham, vi bør påkalde. Og det er ham, der har lovet, at ville høre vores bønner. Og en sådan dyrkelse godtages i højeste grad, nemlig at vi påkalder ham i al nød. Som Johannes skriver i sit Første Brev, kapitel 2: "Hvis vi synder, har vi en forsvarer hos Gud osv."

*

Dette er grundessensen af vores lære. Som man kan se, indeholder den intet, der ikke stemmer overens med Skriften eller den almindelige kirke eller den romerske kirke, sådan som den fremstår i de skriftlige

De cultu sanctorum

De cultu sanctorum docent, quod memoria sanctorum proponi potest, ut imitemur fidem eorum et bona opera juxta vocationem, ut Cæsar imitari potest exemplum Davidis in bello genrendo ad depellendos Turcas a patria. Nam uterque rex est. Sed Scriptura non docet invocare sanctos, seu petere auxilium a sanctis, quia unum Christum nobis proponit mediatorem, propitiatorium, pontificem et intercessorem. Hic invocandus est, et promisit se exauditurum esse preces nostras, et hunc cultum maxime probat, videlicet ut invocetur in omnibus afflictionibus. I Joh. 2: Si quis peccat, habemus advocatum apud Deum etc.

*

Hæc fere summa est doctrinæ apud nos, in qua cerni potest nihil inesse, quod discrepet a Scripturis, vel ab ecclesia catholica, vel ab ecclesia Romana, quatenus ex scriptoribus nota est. Quod quum ita sit, inclementer judicant isti, qui nostros pro

kilder. Og når det forholder sig så-
dan, er det urimeligt at anse os for
vranglærere. Der er ganske vist
uenighed om forskellige misbrug,
der har indsneget sig i kirken med
tvivlsom begrundelse. Og selvom
der skulle være nogen forskel i disse
ting, burde biskopperne se på det
med mildhed og tolerance i lyset af
vores bekendelse, som vi netop har
fremlagt. End ikke kirkelovene er så
strenge, at de forlanger ens ritualer
overalt, for der har aldrig været de
samme ritualer overalt i kirkerne.
Desuden bliver mange af de gamle
ritualer omhyggeligt bevaret hos os.
Det er nemlig falsk beskyldning, at
vi skulle have afskaffet alle de gamle
ceremonier og ordninger i kirken.
Men der har været mange beklagel-
ser over de misbrug, der har heftet
sig ved nogle af de almindelige ritu-
aler. Og dem, man ikke kunne be-
holde med god samvittighed, har vi
ændret en smule.

hæreticis haberi postulant. Sed dis-
sensio est de quibusdam abusibus,
qui sine certa auctoritate in eccle-
sias irrepserunt, in quibus etiam, si
qua esset dissimilitudo, tamen dece-
bat hæc lenitas episcopos, ut prop-
ter confessionem, quam modo re-
censuimus, tolerarent nostros, quia
ne canones quidem tam duri sunt,
ut eosdem ritus ubique esse po-
stulent, neque similes unquam om-
nium ecclesiarum ritus fuerunt.
Quamquam apud nos magna ex
parte veteres ritus diligenter servan-
tur. Falsa enim calumnia est, quod
omnes ceremoniæ, omnia vetera in-
stituta in ecclesiis nostris aboleant-
ur. Verum publica querela fuit
abusus quosdam in vulgaribus riti-
bus hærere. Hi, quia non potereant
bona conscientia probari, aliqua ex
parte correcti sunt.

Anden del

<table>
<tr><td>

Anden del
Artikler, der gennemgår de rettede misbrug

</td><td>

Pars II
Articuli, in quibus recensentur abusus mutati

</td></tr>
</table>

Indledning

<table>
<tr><td>

Indledning

Menighederne hos os afviger altså ikke fra den almindelige kirke i nogen trosartikel, men har alene udeladt enkelte misbrug. Misbrug, der en nye og som er indført på grund af tidernes skiften, stik imod kirkelovenes hensigt. Vi beder derfor Deres kejserlige Majestæt høre tålmodigt på, både hvilke misbrug, vi har rettet og af hvad grund, vi ikke har villet tvinge folk til at bevare disse misbrug imod deres samvittighed. Deres Majestæt skal ikke tro dem, der spreder de mest besynderlige beskyldninger blandt folk, for at vække menneskers had mod os. Det er sådan, de fra begyndelsen har skabt irritation blandt velmenende mennesker og lagt grunden til denne strid. Og på samme facon forsøger de nu at øge uenigheden.

</td><td>

Prooemium

Quum ecclesiæ apud nos de nullo articulo fidei dissentiant ab ecclesia catholica, tantum paucos quosdam abusus omittant, qui novi sunt et contra voluntatem canonum vitio temporum recepti, rogamus, ut Cæsarea Majestas clementer audiat, et quid sit mutatum, et quæ fuerint caussæ, quo minus coactus sit populus illos abusus contra conscientiam observare. Nec habeat fidem Cæsarea Majestas istis, qui, ut inflamment odia hominum adversus nostros, miras calumnias spargunt in populum. Hoc modo irritatis animis bonorum virorum initio præbuerunt occasionem huic dissidio, et eadem arte conantur nunc augere discordias. Nam Cæsarea Majestas haud dubie comperiet to-

</td></tr>
</table>

Men Deres kejserlige Majestæt vil uden tvivl kunne konstatere at både vores lære og vores ceremonier har en bedre udformning end disse fjendske og ondsindede menneskers gengivelse. Desuden finder man ikke sandheden gennem løse rygter eller modstandernes sladder. Derimod er det let at se, at man intet bedre kan gøre for at bevare respekten for ceremonierne og fremme gudsfrygt og fromhed blandt folk, end når ceremonierne foregår korrekt i kirkerne.

lerabiliorem esse formam et doctrinæ et ceremoniarum apud nos, quam qualem homines iniqui et malevoli decribunt. Porro veritas ex vulgi rumoribus aut maledictis inimicorum colligi non potest. Facile autem hoc judicari potest, nihil magis prodesse ad dignitatem ceremoniarum conservandam et alendam reverentiam ac pietatem in populo, quam si ceremoniæ rite fiant in ecclesiis.

22. Om nadverens to dele

Ved nadveren modtager de almindelige kirkegængere nadversakramentet under begge former. Denne skik følger nemlig Herrens befaling ifølge Matthæus 26: "Drik alle heraf." Her har vi en klar befaling fra Kristus om, at alle skal drikke af bægret. Og ingen skal komme med udflugter om, at det kun angår præsterne. I Paulus' Første brev til Korintherne har vi nemlig et eksempel, der viser at hele menigheden fik nadveren i begge former.

Og denne skik holdt sig længe i kirken. Man ved ikke hvornår eller af hvem denne skik er ændret, men alene at kardinal Cusanus skriver, hvornår ændringen blev godkendt. Cyprian bevidner flere steder, at blodet blev givet til folket. Det samme bevidner Hieronymus, som siger: "Præsterne forvalter nadveren og uddeler Kristi blod til folkene." Ja, pave Gelasius forordner, at nadveren ikke må deles (Kirkelovene, del 2, Om nadverens indvielse).

Først ved en sædvane, der ikke er særlig gammel, er det blevet ændret. Men det står fast, at en sæd-

De utraque specie

Laicis datur utraque species sacramenti in coena Domini, quia hic mos habet mandatum Domini Matth. 26: Bibite ex hoc omnes. Ubi manifeste præcepit Christus de poculo, ut omnes bibant. Et ne quis possit cavillari, quod hoc ad sacerdotes tantum pertineat, Paulus ad Corinth. exemplum ricitat, in quo apparet totam ecclesiam utraque specie usam esse.

Et diu mansit hic mos in ecclesia, nec constat, quando aut quo auctore mutatus sit, tametsi Cardinalis Cusanus recitet, quando sit adprobatus. Cyprianus aliquot locis testatur populo sanguinem datum esse. Idem testatur Hieronymus, qui ait: Sacerdotes eucharistiæ ministrant et sanguinem Christi populis dividunt. Imo Gelasius Papa mandat, ne dividatur sacramentum, dist. 2. De Consecrat., cap. Comperimus.

Tantum consvetudo non ita vetus aliud habet. Constat autem, quod consuetudo contra mandata Dei introducta non sit probanda, ut te-

vane, der er indført imod Guds befalinger, ikke bør godkendes, som kirkelovene siger (Del 8, Om sandheden). Og denne sædvane er ikke alene indført imod Skriften, men også imod de gamle kirkelove og de kirkehistoriske eksempler. Når nogle derfor foretrækker at bruge nadveren under begge skikkelser, burde man ikke hindre dem mod deres samvittighed.

Og da opdelingen af nadveren ikke stemmer med Kristi indstiftelse, plejer man hos os at udelade den procession, der hidtil har fundet sted.

stantur canones, dist. 8., cap. Veritate, cum sequentibus. Hæc vero consuetudo non solum contra Scripturam, sed etiam contra veteres canones et exemplum ecclesiæ recepta est. Quare si qui maluerunt utraque specie sacramenti uti, non fuerunt cogendi, ut aliter facerent cum offensione conscientiæ.

Et quia divisio sacramenti non convenit cum institutione Christi, solet apud nos omitti processio, quæ hactenus fieri solita est.

23. Om præsternes ægteskab

23. Om præsternes ægteskab
Der har været offentlig klage over eksempler på præster, der ikke har kunnet overholde cølibatet. Derfor skulle pave Pius også have sagt, at der er gode grunde til at forbyde præsters at gifte sig, men der er langt flere til at tillade dem at indgå ægteskab – sådan berette Platina nemlig.

De conjugio sacerdotum
Publica querela fuit de exemplis sacerdotum, qui non continebant. Quam ob caussam et Pius papa dixisse fertur, fuisse aliquas caussas, cur ademptum sit sacerdotibus conjugium, sed multo majores esse caussas, cur reddi debeat. Sic enim scribit Platina.

Da præsterne derfor hos os har villet undgå offentlige skandaler, har de giftet sig og lærer, at det er præster tilladt at indgå ægteskab. For det første fordi Paulus siger: "Enhver skal have sin egen ægtefælle for at undgå utugt." Og ligeledes: "Det er bedre at gifte sig, end at brænde af begær." For det andet siger Kristus i Matthæus 19: "Ikke enhver kan fatte denne sag." Dermed lærer han, at ikke enhver er egnet til at leve i cølibat, fordi Gud har skabt os som seksuelle væsner, Første Mosebog 1. Og det står ikke i menneskets magt at ændre vores natur, uden ved en særskilt gave og indgreb fra Guds side. Derfor bør de, der ikke kan leve seksuelt afholdende, indgå ægteskab. For ingen menneskelig lov eller noget løfte kan ophæve Guds befaling og ordning. Det er grundene til, at præsterne lærer, at det er tilladt dem at gifte sig.

Det er også en kendsgerning, at præsterne i den gamle kirke var gift. For Paulus siger i Første Timotheusbrev 3, at man skal vælge en, der er gift, til biskop. Og desuden er det først 400 år siden, præsterne med magt blev tvunget ind i cølibatet her i Tyskland. Og det med en sådan

Quum igitur sacerdotes apud nos publica illa scandala vitare vellent, duxuerunt uxores, ac docuerunt, quod liceat ipsis contrahere matrimonium. Primum, quia Paulus dicit: unusquisque habeat uxorem suam propter fornicationem, item: melius est nubere, quam uri. Secundo, Christus inquit: non omnes capiunt verbum hoc; ubi docet non omnes homines ad coelibatum idoneos esse, quia deus creavit hominem ad procreationem, Genes. 1. Nec est humanæ potestatis, sine singulari dono et opere dei creationem mutare. Igitur qui non sunt idonei ad coelibatum, debent contrahere matrimonium. Nam mandatum dei et ordinationem dei nulla lex humana, nullum votum tollere potest. Ex his caussis docent sacerdotes sibi licere uxores ducere.

Constat etiam in ecclesia veteri sacerdotes fuisse maritos. Nam et Paulus ait, episcopum eligendum esse, qui sit maritus. Et in Germania primum ante annos quadringentos sacerdotoes vi coacti sunt ad coelibatum, qui quidem adeo adversati

modstand, at ærkebiskoppen af Mainz nær var blevet slået ihjel af de vrede præster i de tumulter, der opstod, da han skulle kundgøre pavens bekendtgørelse. Og ordningen blev gennemført så brutalt, at man ikke alene forbød fremtidige ægteskaber, men endog opløste allerede indgåede ægteskaber, imod al guddommelig og menneskelig ret. Ja, endda imod kirkelove, der er vedtaget af både paverne og på nogle af de mest kendte kirkemøder.

Og da den menneskelige natur lidt efter lidt bliver skrøbeligere som verden ældes, må man passe på, at der ikke sniger sig flere laster ind i Tyskland. Nu har Gud indstiftet ægteskabet som en hjælp mod vores skrøbelighed. Selv kirkelovene siger, at man undertiden må svække tidligere tiders strenghed som tiden går på grund af menneskelig skrøbelighed. Og det var ønskeligt, at det kunne ske under disse forhandlinger. Ellers ser det ud til, at menighederne for fremtiden kommer til at mangle præster, hvis ægteskabet fortsat forbydes.

Nu har vi altså Guds befaling og kender kirkens tidligere praksis. Og det urene cølibat har frembragt mange skandaler, ægteskabsbrud og

sunt, ut archiepiscopus Moguntinus, publicaturus edictum Romani pontificis de ea re, pæne ab iratis sacerdotibus per tumultum oppressus sit. Et res gesta est tam inciviliter, ut non solum in posterum conjugia prohiberentur, sed etiam præsentia, contra omnia jura divina et humana, contra ipsos etiam canones, factos non solum a pontificibus, sed a laudatissimis synodis, distraherentur.

Et quum senescente mundo paullatim natura humana fiat imbecillior, convenit prospicere, ne plura vitia serpant in Germaniam. Porro deus instituit conjugium, ut esset remedium humanæ infirmitatis. Ipsi canones veterem rigorem interdum posterioribus temporibus propter imbecillitatem hominum laxandum esse dicunt, quod optandum est, ut fiat et in hoc negotio. Ac videntur ecclesiis aliquando defuturi pastores, si diutius prohibeatur conjugium.

Quum autem exstet mandatum dei, quum mos ecclesiæ notus sit, quum impurus coelibatus plurima

andre forbrydelser, som fortjener
retskafne myndigheders straf. Man
må derfor undre sig over, at der på
ingen andre områder udøves så stor
strenghed som i forbindelse med
præsters ægteskab. Gud befaler, at
man skal holde ægteskabet i ære.
Og lovene i alle velordnede stater,
endog hos hedningerne, smykker
ægteskabet med den største ære.
Men her eksekverer man dødsstraf,
og det endda på præsterne direkte i
strid med kirkelovene – og det af
ingen anden grund end at de har
giftet sig. Paulus kalder det dæmo-
ners lærdom at forhindre ægteskab,
1 Timotheus 4. Det forstår man
godt nu, hvor forbudet mod ægte-
skab håndhæves med disse meto-
der.

Men lige så lidt som nogen men-
neskelig lov kan ophæve Guds befa-
ling, lige så lidt kan noget løfte gøre
det. Derfor tilråder Cyprian også, at
de kvinder, der ikke kan overholde
deres løfte om cølibat, skal gifte sig.
Hans ord lyder således i bind 1,
brev nr. 11: ”Hvis ikke de vil eller
kan overholde løftet, er det bedre, at
de gifter sig, end at de falder i ilden
ved deres lyster; og de må ikke være
deres brødre og søstre til forar-
gelse.”

pariat scandala, adulteria et alia sce-
lera digna animadversione boni
magistratus: tamen mirum est nulla
in re majorem exerceri sævitiam
quam adversus conjugium sacerdo-
tum. Deus præcipit honore afficere
conjugium; leges in omnibus rebus
publicis bene constitutis, etiam
apud ethnicos, maximis honoribus
ornaverunt. At nunc capitalibus po-
enis excrucientur, et quidem sacer-
dotes, contra canonum voluntatem,
nullam aliam ob caussam nisi prop-
ter conjugium. Paulus vocat doc-
trinam dæmoniorum, quæ prohibet
conjugium, 1 Tim. 4. Id facile nunc
intelligi potest, quum talibus sup-
pliciis prohibitio conjugii defen-
ditur.

Sicut autem nulla lex humana po-
test mandatum dei tollere, ita nec
votum potest tollere mandatum dei.
Proinde etiam Cyprianus suadet, ut
mulieres nubant, quæ non servant
promissam castitatem. Verba ejus
sunt hæc, lib. 1, epist. 11: Si autem
perseverare nolunt aut non possunt,
melius est, ut nubant, quam ut in
ignem deliciis suis cadant; certe
nullum fratribus aut sororibus
scandalum faciant. Et æquitate
quadam utuntur ipsi canones erga

Ja, selv kirkelovene tillader en vis
lempelse hos dem, der har aflagt
løfter, inden de blev voksne. Og det
har hidtil være det mest alminde-
lige.

hos, qui ante justam ætatem vo-
verunt, quomodo fere hactenus fieri
consuevit.

24. Om gudstjenesten

24. Om gudstjenesten

Det er falsk anklage, at vores me-
nigheder skulle have afskaffet guds-
tjenesten. Vi har nemlig bevaret
gudstjenesten og holder den med
største ærbødighed. Vi anvender
også de fleste almindelige ceremo-
nier. Blot blander vi de latinske sal-
mer med enkelte tyske af hensyn til
den jævne mands undervisning. For
ceremonierne har først og fremmest
det formål at undervise de ukyn-
dige. Og ikke alene Paulus befaler,
at man skal bruge et sprog folk for-
står i kirken, men det er også en an-
erkendt menneskeret.

Folk har vænnet sig til at gå til
nadver sammen, når de har behov
for det. Hvilket også fremmer ære-
frygten og den religiøse bevidsthed
over for de almindelige ceremonier.
Ingen får nemlig adgang til nadve-

De missa

Falso accusantur ecclesiæ nostræ,
quod missam aboleant. retinetur
enim missa apud nos et summa re-
verentia celebratur. Servantur et
usitate ceremoniæ fere omnes, præ-
terquam quod Latinis cantionibus
admiscentur alicubi Germanicæ,
quæ additæ sunt ad docendum po-
pulum. Nam ad hoc unum opus est
ceremoniis, ut doceant imperitos.
Et non modo Paulus præcipit uti
lingua intellecta populo in ecclesia,
sed etiam ita consitutum est hu-
mano jure.

Assuevit populus, ut una utantur
sacramento, si qui sunt idonei; id
quoque auget reverentiam ac religi-
onem publicarum ceremoniarum.
Nulli enim admittuntur, nisi antea
explorati. Admonetur etiam homi-
nes de dignitate et usu sacramenti,

ren uden først at have været til samtale. Og de bliver mindet om sakramenternes værdi og rette brug. Hvilken trøst de bringer ængstede samvittigheder. Så man lærer at tro på Gud og søge og forvente al godt af ham. En sådan tilbedelse behager Gud og en sådan brug af sakramenterne fremmer gudsfrygten. Man finder således ikke større religiøs andagt i vores modparts gudstjeneste end i vores.

Og det står fast, at ærlige mennesker længe og offentligt har beklaget, at gudstjenesten er blevet skammeligt vanhelliget, blot for at tjene penge. Det er nemlig ingen hemmelighed, hvor udbredt dette misbrug har været i alle kirker. Man har blot holdt gudstjeneste på grund af indtægterne og andre goder. Stik mod kirkelovenes bestemmelser. Men Paulus advarer alvorligt den, der behandler takkemåltidet uværdigt: "Hvis nogen spiser brødet eller drikker af Herrens bæger på uværdig måde, så gør han sig skyldig over for Herrens legeme og blod." Og siden præsterne er blevet advaret mod denne synd, holdes der næsten ingen privatgudstjenester, da de kun blev hold på grund af indtjeningen.

quantam consolationem afferat pavidis conscientiis, ut discant deo credere et omnia bona a deo exspectare et petere. Hic cultus delectat deum, talis usus sacramenti alit peitatem erga deum. Itaque non videntur apud adversarios missæ majore religione fieri quam apud nos.

Constat autem hanc quoque publicam et longe maximam querelam omnium bonorum virorum diu fuisse, quod missæ turpiter profanarentur, collatæ ad quæstum. Neque enim obscurum est, quam late pateat hic abusus in omnibus templis, a qualibus celebrentur missæ tantum propter mercedem aut stipendium, quam multi contra interdictum canonum celebrent. Paulus autem graviter minatur his, qui indigne tractant eucharistiam, quum ait: qui ederit panem hunc, aut biberit calicem domini indigne, reus erit corporis et sanguinis domini. Itaque cum apud nos admonerentur sacerdotes de hoc peccato, desierunt apud nos privatæ missæ, cum fere nullæ privatæ missæ nisi quæstus causa fierent.

Biskopperne har ikke været uvidende om dette misbrug. Og hvis de havde rettet det i tide, kunne denne strid være undgået. Ved deres laden stå til har de også tidligere være skyld i, at mange unoder har listet sig ind i kirken. Først nu begynder de at klage over kirkens dårlige tilstand. Men den har netop sin grund i disse misbrug, der er så tydelige, at de ikke i længden kunne tolereres. Stor uenighed om gudstjenesten og nadveren er fremkommet. Måske som straf for at gudstjenesten i så mange århundrede er blevet vanhelliget af dem, der burde have rettet det, og som også havde magten til det. For i De Ti Bud står der: "Gud lader ikke den ustraffet, der misbruger hans navn." Og fra verdens begyndelse er der næppe noget guddommeligt, der er blevet misbrugt til indtægtskilde som gudstjenesten.

Hertil kommer en opfattelse, der har forøget privatgudstjenesterne i det uendelige, nemlig at Kristus ved sin lidelse ganske vist har gjort fyldest for arvesynden, men derudover har indstiftet nadveren for at udslette de daglige fejltrin, både de store og de små. Det førte videre til den gængse mening, at nadveren er

Neque ignoraverunt hos abusus episcopi; qui si correxissent eos in tempore, minus nunc esset dissensionum. Antea sua dissimulatione multa vitia passi sunt in ecclesiam serpere. Nunc sero incipiunt queri de calamitatibus ecclesiæ, quum hic tumultus non aliunde sumserit occasionem quam ex illis abusibus, qui tam manifesti erant, ut tolerari amplius non possent. Magnæ dissensiones de missa, de sacramento exstiterunt. Fortasse dat poenas orbis tam diuturnæ profanationis missarum, quam in ecclesiis tot sæculis toleraverunt isti, qui emendare et poterant et debebant. Nam in Decalogo scriptum est: qui dei nomine abutitur, non erit impunitus. Et ab intitio mundi nulla res divina ita videtur unquam ad quæstum collata fuisse ut missa.

Accessit opinio, quæ auxit privatas missas in infinitum, videlicet quod Christus sua passione satisfecerit pro peccato originis, et instituerit missam, in qua fieret oblatio pro quotidianis delictis, moratalibus et venialibus. Hinc manavit publica opinio, quod missa sit opus

en handling, der udsletter synden, både for de mennesker, der lever og for dem, der er døde, blot ved at nadverritualet gennemføres. Dernæst begyndte man så at diskutere, om en nadverhandling, som flere har betalt for at få udført, gavnede lige så meget som, hvis den kun blev udført for én betalende. Denne debat udmundede i de talløse nadverfejringer.

Mod disse opfattelser har vi påpeget, at de strider mod Skriften og forringer betydningen af Kristi lidelse. For Kristi lidelse var et offer og godtgørelse, ikke alene for arvesynden, men også for alle slags andre synder. Som det siges i Hebræerbrevet: "Vi er blevet helligede ved Kristi offer én gang for alle." Og: "Med et eneste offer har han for altid fuldkommengjort dem, der helliges."

Desuden lærer Skriften, at vi retfærdiggøres for Gud ved tro på Kristus, idet vi tror, vi får syndernes forladelse på grund af Kristus. Men hvis det nu var sådan, at nadveren udslettede både de levendes og dødes synder blot ved at nadverritualet blev udført, så ville følgen jo være, at vi retfærdiggøres ved nadverritualets udførelse og ikke ved

delens peccata vivorum et mortuorum ex opere operato. Hic coeptum est disputari, utrum una missa dicta pro pluribus tantumdem valeat, quantum singulæ pro singulis. Hæc disputatio peperit istam infinitam multitudinem missarum.

De his opinionibus nostri admonuerunt, quod dissentiant a scripturis sanctis et lædant gloriam passionis Christi. Nam passio Christi fuit oblatio et satisfactio non solum pro culpa originis, sed etiam pro omnibus reliquis peccatis, ut ad Hebræos scriptum est: sanctificati sumus per oblationem Jesu Christi semel. Item: una oblatione comsummavit in perpetuum sanctificatos.

Item scriptura docet nos coram deo justificari per fidem in Christum, quum credimus, nobis remitti peccata propter Christum. Jam si missa delet peccata vivorum et mortuorum ex opere operato, contingit justificatio ex opere missarum, non ex fide, quod scriptura non patitur.

tro. Men en sådan opfattelse tillader Skriften ikke.

Og Kristus befaler, at vi skal holde nadveren til han ihukommelse. Altså er nadveren indstiftet, for at troen hos den, der deltager i nadveren, skal lægge sig på sinde, hvilke velgerninger den modtager fra Kristus, og således oprejse og trøste den ængstede samvittighed. For dette er at mindes Kristus, at mindes han velgerninger, og betænke at de virkelig skænkes os. Det er ikke nok, at mindes historien, som også jøderne og de ugudelig kan gøre. Nadveren er altså indstiftet med det formål, at sakramentet her gives til dem, der trænger til trøst. Som Ambrosius siger: Fordi jeg altid synder, har jeg altid behov for medicinen."

Når nu nadveren er en sådan fælles modtagelse af sakramentet, så holder vi én fælles højmesse på alle søndage og helligdage, og ellers når nogen har brug for nadveren. Her rækkes nadveren til dem, der ønsker det. Og det er ingen ny skik. For kirkefædrene før Gregorius nævner ingen privatgudstjenester, men ofte fællesgudstjenester. Chrysostomus siger således: "Præsten står dagligt for alteret, og nogle giver han adgang til nadveren, men

Sed Christus jubet facere in sui memoriam; quare missa instituta est, ut fides in iis, qui utuntur sacramento, recordetur, quæ beneficia accipiat per Christum, et erigat et consoletur pavidam conscientiam. Nam id est meminisse Christi, beneficia meminisse ac sentire, quod vere exhibeantur nobis. Nec satis est historiam recordari, quia hanc etiam Judæi et impii recordari possunt. Est igitur ad hoc facienda missa, ut ibi porrigatur sacramentum his, quibus opus est consolatione, sicut Ambrosius ait: quia semper pecco, semper debeo accipere medicinam.

Quum autem missa sit talis communicatio sacramenti, servatur apud nos una communis missa singulis feriis atque aliis etiam diebus, si qui sacramento velint uti, ubi porrigitur sacramentum his, qui petunt. Neque hic mos in ecclesia novus est. nam veteres ante Gregorium non faciunt mentionem privatæ missæ; de communi missa plurimum loquuntur. Chrysostomus ait: sacerdotum quotidie stare ad altare et alios ad communionem

andre holder han borte." Også i de gamle kirkelove fremgår det, at kun én har forvaltet nadveren og at de øvrige præster og diakoner har modtaget Herrens legeme. Således står der nemlig i den nikænske kirkelov: "Efter præsterne skal diakonerne ifølge god orden modtage den hellige nadver af biskoppen eller præsten." Og angående nadveren befaler Paulus, at folk skal vente på hinanden, så det bliver et fælles måltid.

Når højmessen hos os altså har eksempler fra kirkens historie på sin side, både i Skriften og hos kirkefædrene, så er vi overbevist om, at ingen vil forkaste den. Især ikke når vi stadig bruger de fleste almindelige ceremonier. Kun har vi skåret ned på antallet af gudstjenester på grund af de helt åbenlyse misbrug. Heller ikke alle de store menigheder havde før i tiden gudstjeneste hver dag. Det fremgår af historiebøgerne (Historia Tripartia, bind 9, kapitel 38): "I Alexandria oplæses Skriften hver onsdag og fredag, og lærerne forklarer det, ligesom ved en normal gudstjeneste, blot er der ikke nadver."

accersere, alios arcere. Et ex canonibus veteribus apparet unum aliquem celebrasse missam, a quo reliqui presbyteri et diaconi sumpserunt corpus domini. Sic enim sonant verba canonis Nicæni: accipiant diaconi secundum ordinem post presbyteros ab episcopo vel a presbytero sacram communionem. Et Paulus de communione jubet, ut alii alios exspectent, ut fiat communis participatio.

Postquam igitur missa apud nos habet exemplum ecclesiæ, ex scriptura et patribus, confidimus improbari eam non posse, maxime quum publicæ ceremoniæ magna ex parte similies usitatis serventur. Tantum numerus missarum est dissimiilis, quem propter maximos et manifestos abusus certe moderari prodesset. Nam olim etiam in ecclesiis frequentissimis non fiebat quotidie missa, ut testatur historia Triparita, lib. 9, c. 38: rursus autem in Alexandria quarta et sexta feria scripturæ leguntur easque doctores interpretantur, et omnia fiunt præter solemnem oblationis morem.

25. Om skriftemålet

Skriftemålet er ikke afskaffet i vores kirker. Ingen plejer nemlig at modtage nadveren, inden de har været til samtale og har fået tilsagt syndernes forladelse. Og folk bliver omhyggelig påmindet om troen på den tilsagte syndsforladelse, om hvilken der førhen var total tavshed. De påmindes om at skatte den tilsagte syndsforladelse højt. Den er nemlig Guds stemme og udtales på hans befaling. Denne fuldmagt med nøglen til syndernes forladelse holder vi i ære og fremhæver hvilken trøst, den bringer ængstede samvittigheder. Vi pointerer, at Gud fordrer tro, så vi tror på den tilsagte syndsforladelse som var det en røst, der lød til os fra selve Himlen. En sådan tro modtager og får virkelig syndernes forladelse. Førhen rostes de fyldestgørende gerninger grænseløst, mens troen, Kristi fortjeneste og retfærdiggørelsen af tro ikke blev nævnt med et ord. Så på dette punkt bør vi slet ikke bebrejdes. Ja, selv vores modpart er nødt til at indrømme, at læren om boden bliver omhyggelig behandlet og fremlagt af os.

De confessione

Confessio in ecclesiis apud nos non est abolita. Non enim solet porrigi corpus domini nisi antea exploratis et absolutis. Et docetur populus diligentissime de fide absolutionis, de qua ante hæc tempora magnum erat silentium. Docetur homines, ut absolutionem plurimi faciant, quia sit vox dei et mandato dei pronuntietur. Ornatur potestas clavium et commemoratur, quantam consolationem afferat perterrefactis conscientiis et quod requirat deus fidem, ut illi absolutioni tamquam voci de coelo sonanti credamus, et quod illa fides in Christum vere consequatur et accipiat remissionem peccatorum. Antea immodice extollebantur staisfactiones; fidei vero et meriti Christi ac justitiæ fidei nulla fiebat mentio; quare in hac parte minime sunt culpandæ ecclesiæ nostræ. Nam hoc etiam adversarii tribuere nobis coguntur, quod doctrina de poenitentia diligentissime a nostris tractata ac patefacta sit.

Men om selve syndsbekendelsen lærer vi, at opregningen af alle ens fejltrin ikke er nødvendig. Samvittigheden skal ikke bebyrdes med en sådan præcis optælling af alle fejl. Det er jo umuligt, at huske alle fejltrin. Som Salme 19 bevidner: "Hvem lægger mærke til alle fejltrin?" Og ligeledes Jeremias, kapitel 17: "Menneskets hjerte er svigefuldt og uudforskeligt." Så hvis vi kun fik tilgivelse for de synder, vi kunne huske, ville samvittigheden aldrig få ro. Der er jo så mange synder, vi hverken opdager eller kan huske. Også kirkefædrene siger, at opregningen af alle synder ikke er nødvendig. Således anføres Chrysostomus i en skrivelse: "Jeg siger ikke, du skal anklage dig selv offentligt eller hos en anden, men at du skal adlyde profeten, der siger: åbenbar din vej for Herren. – Bekend altså dine synder for Gud, den sande dommer, under bøn. Fortæl din fejltrin, ikke med munden, men som samvittigheden minder dig." Og i afsnittet om boden, kapitel 5, indrømmes det, at syndsbekendelsen er en menneskelig bestemmelse. Men som sagt beholder vi skriftemålet hos os, først og fremmest på grund af syndstilgivelsens værdi,

Sed de confessione docent, quod enumeratio delictorum non sit necessaria, nec sint onerandæ conscientiæ cura enumerandi omnia delicat, qui impossibile est omnia delicta recitare, ut testatur Psalmus: delicta quis intelligit? Item Jeremias: pravum est cor hominis et inscrutabile. Quod si nulla peccata, nisi recitata remitterentur, nunquam acquiescere conscientiæ possent, quia plurima peccata neque vident, neque meminisse possunt. Testantur et veteres scriptores enumerationem non esse necessariam. Nam in decretis citatur Chrysostomus, qui sic ait: non tibi dico, ut te prodas in publicum, neque apud alios te accuses; sed oboedire te volo prophetæ dicenti: revela ante deum viam tuam. ergo tua confitere peccata apud deum, verum judicem, cum oratione. Delicata tua pronuncia non lingua, sed conscientiæ tuæ memoria etc. Et glossa de poenitentia, dist. 5, cap. consideret, fatetur humani juris esse confessionem. Verum confessio cum propter maximum absolutionis beneficium tum propter alias conscientiarum utilitates apud nos retinetur.

men også på grund af samtalens andre fordele.

26. Om mad og menneskelige traditioner

26. Om at gøre forskel på mad – og om menneskelige traditioner
Det har ikke alene været en almindelig opfattelse blandt folk, men er også blevet lært i kirkerne, at det at gøre forskel på mad og andre menneskelige påfund, er ting, der tjener til at fortjene nåde og gøre fyldest for synden. At det har været gængs mening fremgår af alle de nye ceremonier, ordener, helligdage og spiseregler, man dagligt har opfundet. Og kirkens lærere har pålagt disse ting som nødvendige for at fortjene nåden. Og skræmt dem, der undlod disse ting. På baggrund af dette syn på traditionerne er der opstået megen uenighed i kirken.

For det første har det fordunklet læren om nåden og troens retfærdighed, som er hovedsagen i evangeliet. Det er den, der først og fremmest bør dominere og lyse op i kirken, så Kristi fortjeneste kan kendes ret og den tro, der tror, at synderne

De discrimine ciborum - similibusque traditionibus humanis
Publica persuasio fuit non tantum vulgi, sed etiam docentium in ecclesiis, quod discrimina ciborum et similes traditiones humanæ sint opera utilia ad promerendam gratiam et satisfactoria pro peccatis. Et quod sic senserit mundus, adparet ex eo, quia quotidie instituebantur novæ ceremoniæ, novi ordines, novæ feriæ, nova jejunia, et doctores in templis exigebant hæc opera tamquam necessarium cultum ad promerendam gratiam, et vehementer terrebant conscientias, si quid omitterent. Ex hac persuasione de traditionibus multa incommoda in ecclesia secuta sunt.

Primo obscurata est doctrina de gratia et justitia fidei, quæ est præcipua pars evangelii, et quam maxime oportet exstare et eminere in ecclesia, ut meritum Christi bene cognoscatur et fides, quæ credit remitti peccata propter Christum, forlades os på grund af Kristus, bliver sat langt over alle gerninger. Det er også derfor, Paulus lægger så stor vægt på dette punkt. Han skubber loven og de menneskelige traditioner til side og viser os, at den kristne retfærdighed er noget helt andet end sådanne gerninger. Det er nemlig en tro, der tror, at synderne forlades os gratis på grund af Kristus. Men dette hovedpunkt hos Paulus er næsten blevet helt tværet ud på grund af den opfattelse af traditionerne, at man ved at gøre forskel på mad og lignende ting kan opnå nåde og retfærdighed. I læren om boden blev troen ikke nævnt med et ord. Det var alene de fyldestgørende gerninger, der blev fremhævet, som om hele boden alene drejede sig om det.

For det andet har disse menneskelige traditioner overskygget Guds bud, fordi traditionerne sættes højere. Som om hele kristendommen gik ud på at overholde bestemte helligdage, ritualer, spiseregler og tøjsmag. Overholdelsen af disse ting havde endda så fine benævnelser som at være et åndeligt liv, ja et fuldkomment liv. Mens Guds befalinger i de almindelige livsforhold ingen ros fik. At en far

longe supra opera collocetur. Quare et Paulus in hunc locum maxime incumbit, legem et traditiones humanas removet, ut ostendat justiaiam christianam aliud quiddam esse quam hujusmodi opera, videlicet fidem, quæ credit peccata gratis remitti propter Christum. At hæc doctrina Pauli pæne tota oppressa est per traditiones, quæ pepererunt opinionem, quod per discrimina ciborum et similes cultus oporteat mereri gratiam et justitiam. In poenitentia nulla mentio fiebat de fide, tantum hæc opera satisfactoria proponebantur; in his videbatur poenitentia tota consistere.

Secundo hæ traditiones obscuraverunt præcepta dei, quia traditiones longe præferebantur præceptis dei. Christianismus totus putabatur esse observatio certarum feriarum, rituum, jejuniorum, vestitus. Hæ observationes erant in possessione honestissimi tituli, quod essent vita spiritualis et vita perfects. Interim mandata dei juxta vocationem nullam laudem habebant, quod paterfamilias educabat sobolem, quod sørgede for sin familie, at en mor passede sine børn, at en fyrste styrede de offentlige sager, det anså man for verdslige og ufuldkomne handlinger, der stod langt under overholdelsen af disse strålende traditioner. Og denne vildfarelse var en hård plage for de fromme samvittigheder, der var bedrøvet over at skulle leve et sådan ufuldkomment liv i ægteskabet, som offentlig ansat eller et andet almindeligt arbejde. De beundrede munkene og den slags, og mente, at deres levemåde var Gud mere tilpas.

For det tredje blev samvittighederne udsat for en stor risiko på grund af traditionerne. Det var nemlig umuligt at overholde alle disse ting, men alligevel anså man det for en strengt nødvendig gudsdyrkelse. Pariserteologen Gerson fortæller, hvordan mange var blevet fortvivlet og havde taget deres eget liv, fordi de indså at de ikke kunne overholde alle disse traditioner. Og der lød ingen trøst til dem om troens retfærdighed og nåde.

Man kan se, hvordan de systematiske teologer har forsøgt at samle traditionerne for at lette byrderne for samvittigheden. Det er dog ikke

mater pariebat, quod princeps regebat rempublicam: hæc putabantur esse opera mundana et imperfecta et longe deteriora illis splendidis observationibus. Et hic error valde cruciavit pias conscientias, quæ dolebant se teneri imperfecto vitæ genere, in conjugio, in magistratibus aut aliis functionibus civilibus, mirabantur monachos et similes, et falso putabant illorum observationes deo gratiores esse.

Tertio traditiones attulerunt magna pericula conscientiis, quia impossibile erat omnes traditiones servare, et tamen homines arbitrabantur has observationes necessarios esse cultus. Gerson scribit multos incidisse in desperationem, quosdam etiam sibi mortem conscivisse, quia senserant se non posse satisfacere traditionibus, et interim consolationem nullam de justitia fidei et de gratia audierant.

Videmus summistas et theologos colligere traditiones et quærere "epieikeias", ut levent conscientias;

lykkes særlig godt. De har tværtimod ofte lagt store fæller for samvittigheden.

Og universiteterne og de teologiske foreninger har haft så travlt med at sammenstille disse traditioner, at de ikke har haft tid til at beskæftige sig med Skriften. Til at udforske den langt nyttigere lære om troen, korsets modgang, håbet, det almindelige livs værdi og samvittighedens trøst i svære prøvelser. Derfor har også Gerson og andre teologer fremført alvorlige klager over, at de på grund af drøftelserne om disse traditioner er blevet hindret i at beskæftige sig med lang vigtigere lærepunkter. Og Augustin fraråder at besvære samvittigheden med overholdelsen af traditionerne og understreger at det er ligegyldige ting. Sådan skriver han nemlig til en person ved navn Januarius.

Man skal altså ikke tro, at vi har taget dette emne op uden vægtige grunde eller af had til biskopperne, som nogen falsk anklager os for. Det har været strengt nødvendigt på grund af de fejlopfattelser, der er udsprunget fra et misforstået syn på traditionerne. For evangeliet nøder os til at lægge vægt på læren om nåden og troens retfærdighed i kirken.

non satis tamen expediunt, sed interdum magis injiciunt laqueos conscientiis.

Et in colligendis traditionibus ita fuerunt occupatæ scholæ et conciones, ut non vacaverit attingere scripturam et quærere utiliorem doctrinam de fide, de cruce, de spe, de dignitate civilium rerum, de consolatione conscientiarum in arduis tentationibus. Itaque Gerson et alii quidam theologi graviter questi sunt se his rixis traditionum impediri, quominus versari possent in meliore genere doctrinæ. Et Augustinus onerare conscientias hujusmodi observationibus, et prudenter admonet Januarium, ut sciat eas indifferentere observandas esse; sic enim loquitur.

Quare nostri non debent videri hanc caussam temere attigisse aut odio episcoporum, ut quidam falso suspicantur. Magna necessitas fuit de illis erroribus, qui nati erant ex traditionibus male intellectis, admonere ecclesias. Nam evangelium cogit urgere doctrinam in ecclesiis de gratia et justitia fidei, quæ tamen

Og den kan ikke forstås, hvis folk tror, de skal fortjene nåden ved overholdelse af selvvalgte gerninger.

Vi lærer derfor, at overholdelsen af menneskelige skikke ikke kan fortjene nåde eller retfærdighed. Derfor må man heller ikke mene, disse overholdelser er nødvendig for gudsdyrkelsen.

Vi tilføjer dokumentation fra Skriften: I Matthæus 15 undskylder Kristus apostlene, at de ikke overholder de sædvanlige skikke. Det drejer sig om noget, der ikke var påbud, men en frivillig mellemting, som dog havde forbindelse til Moselovens renselser. Kristus siger da: "De dyrker mig forgæves med menneskelige bud". Han forlanger altså ikke en unødvendig religiøsitet. Og umiddelbart efter fortsætter han: "Intet af det, vi indtager, gør os urene." Det samme står der i Romerbrevet 14: "Guds rige har intet at gøre med, hvad man spiser og drikker." Og i Kolossenserbrevet 2: "Lad ingen dømme jer på grund af mad, drikke og bestemte helligdage." For: "Når I med Kristus er døde fra verdens børnelærdom. Hvorfor opfører I jer så, som om I retter jer efter verdens regler: rør ikke, spis ikke, deltag ikke i." Og i

intelligi non potest, si putent homines se mereri gratiam per observationes ab ipsis electas.

Sic igitur docuerunt, quod per observationem traditionum humanarum non possimus gratiam mereri aut justificari. quare non est sentiendum, quod hujusmodi observationes sint necessarius cultus.

Addunt testimonia ex scriptura. Christus Matth. 15. excusat apostolos, qui non servaverant usitatam traditionem, quæ tamen videbatur de re non illicita, sed media esse, et habere cognationem cum baptismatibus legis, et dicit: frustra colunt me mandatis hominum. Igitur non exigit cultum inutilem. et paulo post addit: omne, quod intrat in os, non inquinat hominem. Item Rom. 14: regnum dei non est esca aut potus. Col. 2: nemo judicet vos in cibo, potu, sabbato aut die festo. Item: si mortui estis cum Christo ab elementis mundi, quare tamquam viventes in mundo decreta facitis: ne attingas, ne gustes, ne contrectes? Act. 15.ait Petrus: quare tentatis deum, imponentes jugum super cervices discipulorum, quod neque nos neque patres nostri portare potuimus? sed per gratiam domini nostri Jesu Christi credimus salvari,

Apostlenes Gerninger 15 siger Peter: "Hvorfor frister I Gud ved at lægge et åg på disciplenes skuldre, som hverken vi selv eller vores fædre formåede at bære. For vi tror, vi frelses ved vor Herre Jesu Kristi nåde på samme måde som dem." Her forbyder Peter, at bebyrde samvittighederne med flere skikke, hvad enten de er hentet fra Moseloven eller andre steder. Og i Første Timotheusbrev 4 kaldes spiseregler for "dæmoners lærdomme", fordi det strider mod evangeliet at indstifte og overholde sådanne gerninger for ved dem at fortjene nåde, eller som om man ikke kunne være kristen uden disse skikke.

Her indvender vores modpart, at vi forbyder selvdisciplin og undertvingelse af det gamle kød, ligesom den oldkirkelige munk Jovinianus. Men i vores bøger vil man kunne se, at det forholder sig anderledes. Vi har nemlig altid undervist om korset, at de kristne skal holde ud i modgang. Det er en sand og virkelig dødelse og ikke en opdigtet, at modnes gennem al slags modgang og blive korsfæstet med Kristus.

Desuden lærer vi, at enhver kristen har pligt til at opøve og disciplinere sig gennem ydre tugt eller

quemadmodum et illi. Hic vetat Petrus onerare conscientias pluribus ritibus sive Mosis, sive aliis. Et 1 Tim. 4. vocat prohibitionem ciborum doctrinam dæmoniorum, quia pugnat cum evangelio talia opera instituere aut facere, ut per ea mereamur graitam, aut quod non possit existere christianismus sine tali cultu.

Hic objiciunt adversarii, quod nostri prohibeant disciplinam et mortificationem carnis, sicut Jovinianus. Verum aliud deprehendetur ex scriptis nostrorum. Semper enim docuerunt de cruce, quod Christianos oporteat tolerare afflictiones. Hæc est vera, seria et non simulata mortificatio, variis afflictionibus exerceri et crucifigi cum Christo.

Insuper docent, quod quilibet christianus debeat se corporali disciplina aut corporalibus exercitiis

legemlige øvelser og almindeligt arbejde, så ikke nydelse eller lediggang skal give anledning til synd. Og denne ydre disciplin bør finde sted altid, ikke kun sommetider eller på bestemte dage. Som Kristus siger: "Pas på at jeres legeme ikke bliver svækket på grund af beruselse." Og: "Den slags dæmoner kan kun uddrives ved faste og bøn." Og Paulus siger: "Jeg holder mit legeme i tømme, så det er rede til tjeneste." Her ses klart, at han ikke tæmmer sit legeme for at optjene syndernes forladelse ved en sådan disciplin, men for at kroppen skal være lydig og skikket til åndelige ting og til at udføre de opgaver, hver især har. Vi forkaster således ikke faste, men kun de traditioner, der kræver, at det sker på bestemte dage og med bestemt slags mad, og som udsætter samvittigheden for fare som om disse ting skulle være en nødvendig del af gudsdyrkelsen.

Vi har også bevaret mange af de traditioner, der tjener til en vis orden i kirken, såsom læsningen af de faste prædiketekster og fejringen af de normale helligdage. Men samtidig understreges det, at sådanne ting ikke retfærdiggør for Gud, og at man ikke synder ved at undlade

et laboribus sic exercere et coercere, ne saturitas aut desidia exstimulet ad peccandum, non ut per illa exercitia mereamur gratiam aut satisfaciamus pro peccatis. Et hanc corporalem disciplinam oportet semper urgere, non solum paucis et constitutis diebus, sicut Christus præcipit: Cavete, ne corpora vestra graventur crapula. Item: Hoc genus dæmoniorum non ejicitur nisi jejunio et oratione. Et Paulus ait: Castigo corpus meum et redigo in servitutem. Ubi clare ostendit se ideo castigare corpus, non ut per eam disciplinam mereatur remissionem peccatorum, sed ut corpus habeat obnoxium et idoneum ad res spirituales et ad faciendum officium juxta vocationem suam. Itaque non damnantur ipsa jejunia, sed traditiones, quæ certos dies, certos cibos præscribunt cum periculo conscientiæ, tamquam istiusmodi opera sint necessarius cultus.

Servantur tamen apud nos pleræque traditiones, quæ conducunt ad hoc, ut res ordine geratur in ecclesia, ut ordo lectionum in missa et præcipuæ feriæ. Sed interim homines admonentur, quod talis cultus non justificet coram deo, et quod non sit ponendum peccatum

disse ting, hvor det kan ske uden forargelse. Denne frihed over for traditionerne var heller ikke ukendt for kirkefædrene. I østkirken fejrede man nemlig påsken på et andet tidspunkt end i Rom. Og da romerkirken anklagede østkirken for kirkebrud på grund af denne forskel, blev de af andre kirke mindet om, at det ikke var nødvendigt, at sådanne skikke var ens alle steder. Og Irenæus siger: "Forskellige spiseregler ophæver ikke troens enighed." Ligesom også pave Gregorius siger i kirkelovens 12. kapitel, at sådanne forskelle ikke skader kirkens enhed. Og i Tripartitas kirkehistorie, 9. bind, er der samlet en række eksempler på forskellige ritualer, med den tilføjelse: Apostlene var ikke optaget af at indføre bestemte helligdage, men at indskærpe gudsfrygt og venlighed.

in talibus rebus, si omittantur sine scandalo. Hæc libertas in ritibus humanis non fuit ignota patribus. Nam in oriente alio tempore servaverunt pascha quam Romæ, et quum Romani propter hanc dissimiltudinem accusarent orientem schismatis, admoniti sunt ab aliis, tales mores non oportere ubique similes esse. Et Irenæus inquit: dissonantia jejunii fidei consonantiam non solvit, sicut et distinct. 12 Gregorius papa significat, talem dissimiltudinem non lædere unitatem ecclesiæ. Et in historia Tripartia, lib. 9, multa colliguntur exempla dissimilum rituum et recitantur hæc verba: mens apostolorum fuit non de diebus festis sancire, sed prædicare bonam conversationem et pietatem.

27. Om klosterløfterne

Hvad vi lærer om klosterløfterne, forstår man bedst, hvis man husker på, hvordan der var i klostrene. Og hvor meget der stadig foregår i klostrene i strid med kirkelovene! På Augustins tid var det frie bofællesskaber. Senere da disciplinen gik i forfald, indførte man løfterne for at genoprette disciplinen ved en slags udspekuleret fængsel. Lidt efter lidt blev der føjet andre regler til klosterløftet. Og disse lænker blev lagt på mange inden de havde den rette alder, i strid med kirkelovene. Mange har også fejlagtig valgt denne levevis. For selvom de måske har haft alderen, har de dog manglet evnen til at bedømme deres egen natur. Men var de først fanget ind, var de tvunget til at blive, selvom nogle kunne være blevet løst ved hjælp af kirkelovene. Og dette foregik endda oftere i nonneklostrene end hos munkene, skønt man burde være mildere mod det svage køn. Denne strenghed mishagede også før i tiden mange gode mennesker, der så disse piger og unge mænd blive drevet i kloster blot for deres

De votis monachorum

Quid de votis monachorum apud nos doceatur, melius intelliget, si quis meminerit, qualis status fuerit monasteriorum. Quam multa contra canones in ipsis monasteriis quotidie fiebant. Augustini tempore erant libera collegia; postea, corrupta disciplina, ubique addita sunt vota, ut tamquam excogitato carcere disciplina restitueretur. Additæ sunt paullatim supra vota aliæ multæ observationes. Et hæc vincula multis ante justam ætatem contra canones injecta sunt. Multi inciderunt errore in hoc vitæ genus, quibus, etiamsi non dessent anni, tamen judicium de suis viribus defuit. Qui sic irretiti erant, cogebantur manere, etiamsi quidam beneficio canonum liberari possent. Et hoc accidit magis etiam in monasteriis virginum quam monachorum, quum sexui imbecilliori magis parcendum esset. Hic rigor displicuit multis bonis viris ante hæc tempora, qui videbant puellas et adolescentes in monasteria detrudi propter victum. Videbant, quam infeliciter succederet hoc consiliu; quæ scandala pareret; quos laqueos

underholds skyld. De så de ulykke-
lige følger deres beslutning fik, de
forargelser det medførte og de fæl-
der det lagde for samvittighederne.
Det bedrøvede dem, at kirkelovenes
myndighed blev fuldstændig over-
set og tilsidesat i en så alvorlig sag.

Til disse beklagelige forhold kom
også sådanne forestillinger om løf-
terne, som endog mishagede mun-
kene, i hver fald de mest forstandige
af dem, det er sandt. Man lærte, at
klosterløftet havde samme værdi
som dåben. Man lærte, at denne le-
vevis fortjente syndernes forladelse
og retfærdiggørelse for Gud. Ja,
man tilføjede endda at klosterlivet
ikke alene fortjente retfærdighed
over for Gud, men endog mere,
fordi man ikke alene overholdt bu-
dene, men også de evangeliske råd.

Således fremstod den mening, at
klostertjenesten langt overgik då-
ben. Og at klosterlivet havde større
værdi end et liv som offentlig ansat
eller præst og lignende, hvor man
lever efter Guds bud dér, hvor man
er sat og uden selvvalgt religiøsitet.
De kan ikke benægte det, for det
står i deres bøger.

Hvad har klostrene ikke udviklet
sig til? Førhen studerede man de
kristne skrifter og dygtiggjorde sig

conscientiis injiceret. Dolebant auc-
toritatem canonum in re periculo-
sissima omnino negligi et con-
temni.

Ad hæc mala accedebat talis per-
suasio de votis, quam constat etiam
olim displicuisse ipsis monachis, si
qui paulo cordatiores fuerunt. Do-
cebant vota paria esse baptismo; do-
cebant se hoc vitæ genere mereri re-
missionem peccatorum et justifica-
tionem coram deo. Immo addebant
vitam monasticam non tantum
justitiam mereri coram deo, sed
amplius etiam, quia servaret non
modo præcepta, sed etiam consilia
evangelica.

Ita persuadebant monasticam
professionem longe meliorem esse
baptismo, vitam monasticam plus
mereri quam vitam magistratuum,
vitam pastorum et similium, qui in
mandatis dei sine factitiis religioni-
bus suæ vocationi serviunt. Nihil
horum negari potest; extant enim in
libris eorum.

Quid fiebat postea in monasteriis?
Olim erant scholæ sacrarum disci-
plinarum, quæ sunt utiles ecclesiæ,

på områder, der var til gavn for menighederne. Og det var herfra man fik præster og biskopper. Nu er det anderledes, men det er ikke nødvendig at beskrive. Førhen oprettede man fællesskaber for at uddanne sig. Nu påstår de, at denne levevis er indstiftet for at erhverve nåde og retfærdighed. Ja, de forkynder, at det er den fuldkomne stand, der langt overgår alle andre former for levevis, som Gud har bestemt. Uden ondsindet overdrivelse har vi beskrevet dette, for at man bedre kan forstå vores lære i denne sag.

For det første lærer vi om ægteskabet, at det er tilladt for alle, der ikke er skikket til at leve ugift, at indgå ægteskab. Klosterløftet kan nemlig ikke tilsidesætte Guds ordning og befaling. Og dette er Guds befaling: For at undgå utugt skal enhver have sin egen ægtefælle. Ja, det er ikke alene en befaling, men også Guds skabelse og bestemmelse driver alle dem ind i ægteskabet, der ikke er undtaget ved en særskilt nådegave. For Gud siger jo: "Det er ikke godt for mennesket at være alene." Dem, der følger Guds bestemmelse og befaling, synder altså ikke.

et sumebantur inde pastores et episcopi. Nnunc alia res est: nihil opus est recitare nota. Olim ad discendum conveniebant; nunc fingunt institutum esse vitæ genus ad promerendam gratiam et justitiam, immo prædicant, esse statum perfectionis, et longe præferunt omnibus aliis vitæ generibus, a deo ordinatis. Hæc ideo recitavimus nihil odiose exaggerantes, ut melius intelligi posset de hac re doctrina nostrorum.

Primum de his, qui matrimonia contrahunt, sic docent apud nos, quod liceat omnibus, qui non sunt idonei ad coelibatum, contrahere matrimonium, quia vota non possunt ordinationem ac mandatum dei tollere. Est autem hoc mandatum dei: propter fornicationem habeat unusquisque uxorem suam. Neque mandatum solum, sed etiam creatio et ordinatio dei cogit hos ad conjugium, qui sine singulari dei opere non sunt excepti, juxta illud: non est bonum homini esse solum. Igitur non peccant isti, qui obtemperant huic mandato et ordinationi dei.

Hvem kan indvende noget mod dette? Hvor meget man end fremhæver klosterløftets forpligtelse, formår man dog ikke at tilsidesætte Guds befaling. Kirkelovene lærer selv, at intet løfte må være i strid med en højere ret. Langt mindre gælder da klosterløftet over for Guds befaling.

Hvis de aflagte løfter var absolut bindende, så intet kunne ophæve dem, så kunne den romerske pave heller ikke dispensere fra dem. Det er nemlig ikke tilladt, at ophæve forpligtelser, der er uopløselige ifølge guddommelig ret. Men den romerske pave har klogelig indset, at der kunne vises rimelighed ved dette klosterløfte. Man kan da også læse, at der ofte er dispenseret fra klosterløftet. Mest kendt er begivenheden med aragonernes konge, der blev kaldt tilbage fra klosteret, og der er også eksempler fra nyere tid.

Hvorfor overdriver vores modpart i øvrigt løfternes forpligtelse og virkning, men er helt tavse angående selve betydningen af et løfte. At et løfte kun kan dreje sig om noget muligt og frivilligt, der aflægges af egen drift og efter moden overve-

Quid potest contra hæc opponi? Exaggeret aliquis obligationem voti, quantum volet, tamen non poterit efficere, ut votum tollat mandatum dei. Canones docent in omni voto jus superioris excipi; quare multo minus hæc vota conta mandata dei valent.

Quod si obligatio votorum nullas haberet caussas, cur mutari possit: nec Romani pontifices dispensassent. Neque enim licet homini obligationem, quæ simpliciter est juris divini, rescindere. Sed prudenter judicaverunt Romani pontifices æquitatem in hac obligatione adhibendam esse; ideo sæpe de votis dispensasse leguntur. Nota est historia de rege Arragonum revocato ex monasterio; et exstant exempla nostri temporis.

Deinde, cur obligationem exaggerant adversarii seu effectum voti, quum interim de ipsa voti natura sileant, quod debet esse in re possibili, quod debet esse voluntarium, sponte et consulto conceptum? At quomodo sit in potestate hominis perpetua castitas, non est ignotum.

jelse. Og om menneskers evne til altid at leve i seksuel afholdenhed hersker der vist ingen tvivl? Og heller ikke om hvor mange der aflægger klosterløftet af egen drift og efter moden overvejelse? Unge piger og mænd overtales til at aflægge løftet, inden de er i stand til at vurdere det, ja, undertiden sker det med tvang. Det er derfor ikke rimeligt, at man så strengt fastholder forpligtelsen, når alle ved, at det er i strid med et løftes væsen, når det ikke indgås frivilligt og efter grundige overvejelser.

De fleste kirkelove ophæver da også løfter indgået inden det femtende år, da man ikke mener, der tidligere kan træffes beslutninger, der gælder for hele livet. Nogle kirkelove føjer endda et par år til på grund af menneskets svage natur, så de forbyder aflæggelse af løfter inden det attende år. Men hvad enten man følger det ene eller det andet har størsteparten undskyldning for at forlade klostrene, da de fleste har aflagt løftet inden de blev femten.

Og selvom man virkelig kunne bevise, at løftet blev brudt, så følger dog ikke automatisk, at de, der har indgået ægteskab, skal opløse det igen. Augustin forbyder nemlig at

Et quotusquisque sponte et consulto vovit? Puellæ et adolescentes, priusquam judicare possunt, persuadentur ad vovendum, interdum etiam coguntur. Quare non est æcum tam rigide de obligatione disputare, quum omnes fateantur contra voti naturam esse, quod non sponte, quod inconsulto, admittitur.

Plerique canones rescindunt vota, ante annum 15. contracta, quia ante illam ætatem non videtur tantum esse judicii, ut de perpetua vita constitui possit. Alius canon, plus concedens hominum imbecilltati, addit annos aliquot; vetat enim ante annum 18. votum fieri. Sed utrum sequemur, maxima pars habet excusationem, cur monasteria deserant, quia plurimi ante hanc ætatem voverunt.

Postremo, etiam si voti violatio reprehendi posset, tamen non videtur statim sequi, quod conjugia talium personarum dissolvenda sint. Nam Augustinus negat debere opløse ægteskabet, i sin bog Ægteskabet, kapitel 1, spørgsmål 27. Og selvom andre senere hen har haft en anden opfattelse, er Augustin jo ikke nogen ubetydelig autoritet.

Og skønt Guds befaling om ægteskabet i sig selv burde være nok til at løse de fleste fra deres klosterløfte, så vil vi nævne endnu en grund til at løftet er ugyldigt: Enhver gudsdyrkelse, der er udtænkt og indstiftet af mennesker uden Guds befaling og for at fortjene retfærdiggørelse og nåde, er ugudelig. Som Kristus siger: "De dyrker mig forgæves med menneskelige befalinger." Og Paulus lærer overalt, at vi ikke kan opnå retfærdighed ved vores egne gerninger eller gudsdyrkelser, udtænkt af mennesker. Nej, retfærdighed opnår vi ved tro, når vi tror, at vi modtages i nåde af Gud på grund af Kristus.

Og nu er det en kendsgerning, at munkene har lært, at deres selvvalgte religiøsitet fyldestgør for synden, fortjener nåde og retfærdighed. Men hvad andet er det, end at forringe Kristi ære, og fordunkle og benægte troens retfærdighed? Følgelig er disse løfter altså en ugudelig form for gudsdyrkelse og derfor

dissolvi, 27. quæst., 1. cap., nuptiarum; cujus non est levis auctoritas, etiamsi alii postea aliter senserunt.

Quamquam autem mandatum dei de conjugio videatur plerosque liberare a votis, tamen afferunt nostri et aliam rationem de votis, quod sint irrita, quia omnis cultus dei, ab hominibus sine madato dei institutus et electus ad promerendam justificationem et gratiam, impius est, sicut Christus ait: frustra colunt me mandatis hominum. Et Paulus ubique docet, justitiam non esse quærendam ex nostris observationibus et cultibus, qui sint excogitati ab hominibus, sed contingere eam per fidem credentibus, se recipi in gratiam a deo propter Christum.

Constat autem monachos docuisse, quod factitiæ religiones satisfaciant pro peccatis, mereantur gratiam et justificationem. quid hoc est aliud, quam de gloria Christi detrahere eet obscurrare ac negare justitiam fidei? Sequitur igitur ista vota usitata impios cultus fuisse, quare sunt irrita. Nam votum impium et

ugyldig. For et ugudeligt løfte, indgået i strid med Guds befaling, er ikke gyldigt. Et løfte må nemlig ikke binde os til noget uretfærdigt, som der står i kirkelovene.

Også Paulus skriver: "I, som vil retfærdiggøres ved loven, er kommet bort fra Kristus og er faldet ud af nåden." Altså er også de, der vil retfærdiggøres ved løfterne, kommet bort fra Kristus og er faldet ud af nåden. For de, der tilskriver løfterne retfærdiggørelse, tilskriver jo der egne gerninger det, der rettelig tilhører Kristi ære.

Og ingen kan benægte, at munkene lærer, at de retfærdiggøres og fortjener syndernes forladelse ved løfterne og deres egne pligter. Ja, de er helt absurd kommet på den tanke, at de kan låne andre der gerninger. Her kunne nævnes meget, som selv munkene ville skamme sig over, hvis man hade lyst til hadefulde overdrivelser.

De har således overbevist folk om, at deres selvvalgte religiøsitet er den fuldkomne kristne levevis. Er det ikke at tilskrive gerningerne retfærdiggørelse? Det er ikke småting, at opstille en bestemt form for gudsdyrkelse i menigheden uden Guds

factum contra mandata dei non valet; neque enim debet votum vinculum esse iniquitatis, ut canon dicit.

Paulus dicit: evacuati estis a Christo, qui in lege justificamini: a graita excidistis. Ergo etiam qui votis justificari volunt, evacuantur a Christo et a gratia excidunt. Nam et hi, qui votis tribuunt justificationem, tribuunt propriis operibus hoc, quod proprie ad gloriam Christi pertinet.

Neque vero negari potest, quin monachi docuerint se per vota et observationes suas justificari et mereri remissionem peccatorum; immo affinxerunt absurdiora, dixerunt se aliis mutari sua opera. Hæc si quis velit odiose exaggerare, quam multa possit colligere, quorum iam ipsos monachos pudet!

Adhæc persuaserunt hominbus factitias religiones esse statum Christianæ perfectionis. An non est hoc justificationem tribuere operibus? Non est leve scandalum in ecclesia, populo proponere certum cultum ab hominibus excogitatum sine mando dei, et docere, quod talis

befaling - og så lære at denne guds-
dyrkelse retfærdiggør os. Troens
retfærdighed, som først og frem-
mest burde læres i kirken, over-
skygges af denne fantastiske engle-
religiøsitet, med indbildt fattigdom
og falsk ydmyghed og afholdenhed,
som man stikker folk i øjnene.

Desuden fordunkler det også
Guds bud og den sande gudstjene-
ste, når folk hører, at det kun er klo-
sterlivet der er en fuldkommen le-
vevis. For den kristne fuldkommen-
hed består i alvorligt at frygte Gud
og samtidig have stor tro og tillid til
at vi har en forsonet Gud på grund
af Kristus. Det er at søge hjælp hos
Gud i alle livets forhold og være
overbevist om at vi også får det.
Samtidig med at vi i det daglige flit-
tigt gør gode gerninger og tjener
dér, hvor vi er sat. Det er den rigtige
fuldkommenhed og den sande
gudsdyrkelse. Den består ikke sek-
suel afholdenhed eller fattigdom el-
ler tarvelige klæder. Men folk får så
mange mærkelige tanker på grund
af disse falske opfattelser af kloster-
livet. De hører seksuel afholdenhed
lovprist ud over alle grænser, og le-
ver derfor selv i ægteskabet med
dårlig samvittighed. De hører, at

cultus justificet homines; quia justi-
tia fidei, quam maxime oportet
tradi in ecclesia, obscurature, quum
illæ mirificæ religiones angelorum,
simulatio paupertatis et humilitatis
et coelibatus offunduntur oculis ho-
minum.

Præterea obsurantur præcepta dei
et versus cultus dei, quum audjunt
homines solos monachos esse in
statu perfectionis, quia perfectio
christiana est serio timere deum et
rursus concipere magnam fidem et
confidere propter Christum, quod
habeamus deum placatum, petere a
deo et certo exspectare auxilium in
omnibus rebus gerendis juxta voca-
tionem; interim foris diligenter fa-
cere bona opera et servire vocationi.
In his rebus est vera perfectio et ve-
rus cultus dei; non est in coelibatu
aut mendicitate, aut veste cordida.
Verum populus concipit multas
perniciosas opiniones ex illis falsis
præconiis vitæ monasticæ. Audit
sine modo laudari coelibatum: ideo
cum offensione conscientiæ versa-
tur in conjugio. Audit solos mendi-
cos esse perfectos: ideo cum offensi-
one conscientiæ retinet possessio-
nes, negotiatur. Audit consilium

alene et liv i fattigdom er fuldkommment, og har derfor ejendom eller forretning med dårlig samvittighed. De hører, at det kun er et evangelisk råd, at man ikke må hævne sig, og står derfor ikke tilbage for at hævne sig i privatlivet. De har jo lært, at et råd ikke er et bud. Atter andre mener, at alt arbejde i det offentlige eller med ansvar i erhvervslivet ikke passer sig for en kristen.

Man kan læse om mennesker, der har forladt der ægtefælle og deres arbejde i det offentlige og er gået i kloster. Det kalder man at undfly verden og at søge et liv, der er Gud til mere behag. De forstår ikke, at Gud skal tjenes i de befalinger, han selv har givet, ikke i befalinger, mennesker har udtænkt. Et godt og fuldkomment liv er det, der har Guds befaling. Det er det nødvendigt at minde folk om. Også tidligere har Gerson kritiseret munkenes fejlopfattelse af det fuldkomne liv og bevist at det på hans tid var noget nyt, at klosterlivet skulle være et fuldkomment liv.

Mange ugudelige opfattelser er altså forbundet med klosterløftet: at det retfærdiggør, at det er et fuld-

evangelicum esse de non vindicando: ideo alii in privata vita non verentur ulcisci; audjunt enim consilium esse, non præceptum. Alii omnes magistratus et civilia officia judicant indigna esse christianis.

Leguntur exempla hominum, qui deserto conjugio, deserta republicæ adminstraione abdiderunt se in monasteria. Id vocabant fugere ex mundo et quærere vitæ genus, quod deo magis placeret; nec videbant deo serviendum esse in illis mandatis, quæ ipse tradidit, non in mandatis, quæ sunt excogitata ab hominibus. Bonum et perfectu vitæ genus est, quod habet mandatum dei. De his rebus necesse est admonere homines. Et ante hæc tempora reprehendit Gerson errorem monachorum de perfectione et testatur, suis temporibus novam vocem fuisse, quod vita monastica sit status perfectionis.

Tam multæ impiæ opiniones hærent in votis: quod justificent, quod sint perfectio christiana, quod ser-

komment kristenliv, at man over-
holder både råd og bud, og endda
har overskydende gode gerninger.
Da alt dette er falsk og opdigtet, er
klosterløfterne ugyldige.

vent consilia et præcepta, quod ha-
beant opera supererogationis. Hæc
omnia quum sint falsa et inanaia,
faciunt vota irrita.

28. Om den kirkelige magt

28. Om den kirkelige magt

Der har været en lang debat om bi-
skoppernes magt, hvor man meget
uheldigt har sammenblandet den
kirkelige og verdslige magt. Og
denne sammenblanding har ført til
store kampe og mange uroligheder.
Under påberåbelse af sin magt har
paven indstiftet nye former for
gudsdyrkelse, tiltaget sig en ret til at
dispensere fra de kirkelige regler og
besværet samvittighederne med
voldsomme bandlysninger fra kir-
ken. Ja, han har endda forsøgt at
føre denne magt over på det verds-
lige område og fratage magthaverne
deres ret til at styre landet. Disse
fejltrin har fromme og lærde folk
for længst kritiseret. Og for at bero-
lige samvittighederne har vi forsøgt
at vise forskellen på den kirkelige
magt og den verdslige og lærer, at
begge på grund af Guds befaling

De potestate ecclesiastica

Magnæ disputationes fuerunt de
potestate episcoporum, in quibus
nonnulli incommode commiscue-
runt potestatem ecclesiasticam et
potestatem gladii. Et ex hac confusi-
one maxima bella, maximi motus
exstiterunt, dum pontifices, freti
potestate clavium, non solum novos
cultus instituerunt, reservatione ca-
suum, violentis excommunicationi-
bus conscientias oneraverunt, sed
etiam regna mundi transferre et im-
peratoribus ad imere imperium co-
nati sunt. Hæc vitia multo ante re-
prehenderunt in ecclesia homines
pii et eruditi. Itaque nostri ad con-
solandas conscientias coacti sunt
ostendere discrimen ecclesiasticæ
potestatis et potestatis gladii, et do-
cuerunt, utramque propter manda-

skal æres fromt og skattes som Guds højeste velgerninger på jorden.

Vores opfattelse er da, at nøglemagten eller biskoppernes magt ifølge evangeliet er en magt eller et mandat fra Gud til at prædike evangeliet, irettesætte eller forlade synder og til at forvalte sakramenterne. For Kristus udsendte apostlene med denne befaling: "Ligesom Faderen udsendte mig, således udsender jeg også jer. Modtag Helligånden. Den, I forlader synderne, er de forladt. Og den, hvem I nægter forladelse, er de nægtet forladelse." Og i Markus 16: "Gå ud og forkynd evangeliet for alle skabninger."

Denne magt udføres alene ved at lære eller prædike evangeliet og forvalte sakramenterne enten for mange eller få, sådan som man nu er sat til det. For det drejer sig ikke om materielle ting, men om evige ting: evig retfærdighed, Helligånden og det evige liv. Og dette kan vi ikke opnå uden gennem tjenesten med ordet og sakramenterne. Som Paulus siger: "Evangeliet er Guds kraft til frelse for enhver, der tror." Da den kirkelige magt altså angår evige ting og kun kan udøves gennem ordets tjeneste, så berøre den ikke den

tum dei religiose venerandem et honore afficiendam esse tamquam summa dei beneficia in terris.

Sic autem sentiunt, potestatem clavium seu potestatem episcoporum juxta evangelium potestatem esse seu mandatum dei prædicandi evangelii, remittendi et retinendi peccata et administrandi sacramenta. Nam cum hoc mandato Christus mittit apostolos: sicut misit me pater, ita et ego mitto vos. Accipite spiritum sanctum: quorum remiseritis peccata, remittuntur eis, et quorum retinueritis peccata, retenta sunt. Marc. 16: Ite: prædicate evangelium omni creaturæ etc.

Hæc potestas tantum exercetur docendo seu prædicando verbum et porrigendo sacramenta vel multis, vel singulis juxta vocationem, quia conceduntur non res corporales, sed res æternæ, justitia æterna, spiritus sanctus, vita æterna. Hæc non possunt contingere nisi per ministerium verbi et sacramentorum, sicut Paulus dicit: Evangelium est potentia dei ad salutem omni credendi. Itaque quum potestas ecclesiastica concedat res æternas et tantum exerceatur per ministerium verbi,

offentlige administration lige så lidt som sangkunsten gør. For det offentlige styre angår andre ting end evangeliet. Statsmagten beskytter ikke sjælen, men legemet og verdslige anliggender. Den vender sig mod åbenlys uret og tvinger mennesker med ydre magt og legemlig straf til at opføre sig ordentlig og holde fred.

Man skal altså ikke sammenblande den verdslige og kirkelige magt. Kirken har sin befaling til at lære evangeliet og forvalte sakramenterne. Den skal ikke gribe ind i andres opgaver og tiltage sig verdslig magt. Den skal ikke ophæve landets love eller almindelig lovlydighed. Den skal ikke forhindre domstolenes behandling af civile sager og kontrakter eller bestemme hvordan landet skal ledes. Som Kristus siger: "Mit rige er ikke af denne verden." Og: "Hvem har sat mig som dommer eller mægler mellem jer?" Og Paulus skriver i Filipperbrevet 3: "Vores statsborgerskab er i Himlene." Og i Andet Korintherbrev 10: "Vores våben er ikke håndgribelige, men er Guds kraft til at ødelægge menneskepåfund." Det er sådan, vi

non impedit politicam administrationem, sicut ars canendi nihil impedit politicam administrationem. Nam politica administratio versatur circa alias res quam evangelium. Magistratus defendit non mentes, sed corpora et res corporales adversus manifestas injurias, et coercet homines gladio et corporalibus poenis, ut jusitiam civilem et pacem retineat.

Non igitur commiscendæ sunt potestates ecclesiastica et civilis. Ecclesiastica suum mandatum habet evangelii docendi et administrandi sacramenta. Non irrumpat in alienum officium, non transferat regna mundi, non abroget leges magistratuum, non tollat legitimam oboedientiam, non impediat judicia de ullis civilibus ordinationibus aut contractibus, non præscribat leges magistratibus de forma reipublicæ; sicut dicit Christus: Regnum meum non est de hoc mundo. Item: Quis constituit me judicem aut divisorem super vos? Et Paulus ait Philip. 3: Nostra politia in coelis est. 2 Cor. 10: Arma militiæ nostræ non sunt carnalis, sed potentia deo ad destruendas cogitationes etc. Ad hunc modum discernunt nostri

underviser om de to slags magtområder. Og vi formaner til at ære begge magtområder og erkende at de begge to er Guds gaver og velgerninger.

Men hvis en biskop har en magt som verdslig myndighed, har han den ikke ifølge evangeliet, men på grund af en myndighed, der følger med en offentlig opgave. Det er imidlertid en anden funktion en den at tjene evangeliet.

Når man altså behandler biskoppernes myndighedsområde, bør man skelne mellem det verdslige og det kirkelige. Ifølge evangeliet eller, som man siger, ifølge guddommelig ret har biskopperne som biskopper - det vil sige som dem, hvem ordets og sakramenternes tjeneste er betroet - ingen anden magt end den at forlade synder. Og at bedømme forkyndelsen og forkaste det, der strider mod evangeliets lære. Og at udelukke de åbenlyst ugudelige, hvis synder er kendt fra kirkens fællesskab – men alene ved brug af ordet og ikke med verdslig magt. Her bør menigheden nødvendigvis og ifølge guddommelig ret vise dem lydighed, som det siges: "Den, der hører jer, hører mig."

utriusque potestatis officia, et jubent utramque honore afficere et agnoscere, utramque dei donum et beneficium esse.

Si quam habent episcopi potestatem gladii, hanc non habent episcopi ex mandato evangelii, sed jure humano, donatam a regibus et imperatoribus ad administrationem civilem suorum bonorum. hæc interim alia functio est quam ministerium evangelii.

Quum igitur de jurisdictione episcoporum quæritur, discernit debet imperium ab ecclesiastica jurisdictione. Porro secundum evangelium seu, ut loquuntur, de jure divino nulla jurisdictio competit episcopis ut episcopis, hoc est, his, quibus est commissum ministerium verbi et sacramentorum, nisi remitere peccata, item cognoscere doctrinam et doctrinam ab evangelio dissentientem rejicere et impios, quorum nota est impietas, excludere a communione ecclesiæ sine vi humana, sed verbo. Hic necessario et de jure divino debent eis ecclesiæ præstare oboedientiam, juxta illud: Qui vos audit, me audit.

Men hvis de lærer eller forordner noget i strid med evangeliet, så har kirken Guds befaling, der forbyder lydighed. Matthæus 7: "Tag jer i agt for de falske profeter." Galaterbrevet 1: "Selvom en engel fra Himmelen forkyndte jer et andet evangelium, skulle den være forbandet." Andet Korintherbrev 13: "Vi formår intet imod sandheden men kun for sandheden." Ligeledes: "Der er givet os magt til at opbygge, ikke til at nedbryde." Således siger også kirkelovene i kapitlet om præsterne. Og Augustin siger imod biskop Petilians brev: "Man bør ikke give de katolske biskopper ret, når de farer vild eller har en anden opfattelse end Guds kanoniske skrifter."

Hvis biskopperne har et eller andet myndighedsområde eller en funktion, hvor de skal afgøre visse ting som for eksempel i ægteskabssager eller kirkeskat, så har de denne myndighed ifølge menneskelig ret. Og hvis de svigter i disse ting, har de verdslige myndigheder pligt til uanfægtet at gribe ind for at opretholde fred og ro.

Desuden diskuterer man, om biskopperne eller præsterne har fuldmagt til at indstifte ceremonier i kirken og opstille regler angående

Verum quum aliquid contra evangelium docent aut statuunt, tunc habent ecclesiæ mandatum dei, quod oboedientiam prohibet, Matth. 7: Cavete a pseudoprophetis! Gal. 1: Si angelius de coelo aliud evangelium evangelizaverit, anathema sit! 2 Cor. 13: Non possumus aliquid contra veritatem, sed pro veritate. Item: Data est nobis potestas ad ædificationem, non ad destructionem. Sic et canones præcipiunt, 2, 1. 7, cap. sacerdotes, et cap. oves. Et Augustinus contra Petiliani epistolam inquit: Nec catholicis episcopis consentiendum est, sicubi forte falluntur, aut contra canonicas dei scripturas aliquid sentiunt.

Si quam habent aliam vel potestatem vel jurisdictionem in cognoscendis certis causis, videlicet matrimonii aut decimarum etc., hanc habent humano jure, ubi cessantibus ordinariis coguntur principes vel inviti suis subditis jus dicere, ut pax retineatur.

Præter hæc disputatur, utrum episcopi seu pastores habeant jus instituendi ceremonias in ecclesia et

mad, helligdage, præsters rangorden og lignende? De, der siger ja, henviser til Kristi ord: "Jeg har endnu meget at sige jer, men I kan ikke rumme det nu, men når sandhedens Ånd kommer, skal den lærer jer hele sandheden." Man påberåber sig også apostlenes eksempel, da de befalede at holde sig fra blod og kvalte dyr. Man påberåber sig, at man – sådan som det kan opfattes – har ombyttet sabbatten med søndagen imod de ti bud. Ja, der er intet eksempel, man fører så stærkt frem, som netop ombytningen af sabbatten. De påstår, at kirkens magt er så stor, at den endog kan dispensere fra befalingerne i de ti bud.

Angående dette lærer vi, at biskopperne ingen magt har til at indfører noget der er i strid med evangeliet. Som ovenfor vist siger også kirkelovene det samme i paragraf 9. Og det er altså imod skriften at indføre eller overholde skikke, hvis efterlevelse skulle gøre fyldest for synden eller fortjene nåde og retfærdighed. Det krænker nemlig Kristi fortjenestes ære, når man hævder, at sådanne overholdelser fortjener retfærdiggørelse. Og det er tydeligt, at denne opfattelse har forøget antallet af religiøse skikke i det

leges de cibis, feriis, gradibus ministrorum seu ordinibus etec., condendi. Hoc jus, qui tribuunt episcopis, allegant testimonium: Adhuc multa habeo vobis dicere, sed non potestis portare modo. Quum autem venerit ille spiritus veritatis, docebit vos omnem veritatem. Allegant etiam exemplum apostolorum, qui prohibuerunt abstinere a sanguine et suffocato. Allegant sabbatum, mutatum in diem dominicum contra Decalogum, ut videtur. Nec ullum exemplum magis jactatur quam mutatio sabbati. Magnam contendunt ecclesiæ potestatem esse, quod dispensaverit de præcepto Decalogi.

Sed de hac quæstione nostri sic docent, quod episcopi non habent potestatem statuendi aliquid contra evangelium, ut supra ostensum est. Docent idem canones 9. distinct. Porro contra scripturam est traditiones condere aut exigere, ut per eam observationem satisfaciamus pro peccatis, aut mereamur gratiam et justitiam. Læditur enim gloria meriti Christi, quum talibus observationibus conamur merei justificationem. Constat autem, propter hanc persuasionem in ecclesia pæne in infinitum crevisse traditiones,

uendelige i kirken, samtidig med at læren om troen og troens retfærdighed er blev sat i skyggen. Flere og flere helligdage, fastedage, skikke og nye faster for helgenerne er blevet forordnet, fordi man mener, at overholdelsen af disse ting fortjener nåde. På samme måde voksede også tidligere reglerne for bodsydelser, hvor man stadig kan se spor af de fyldestgørende gerninger.

Ligeledes er det i strid med Guds befaling, når de, der indfører nye skikke, forbinder synden med en bestemt slags mad, specielle dage og lignende ting og således plager kirken med lovtrældom. Som om de kristne har brug for religiøse ceremonier i lighed med dem i de Gamle Testamente. Og som om Gud skulle have overdraget det til apostlene og biskopperne at udforme disse ting, som nogle rent faktisk skriver. Og det ser ud som, paven til dels er blevet ført på vildspor af eksemplerne i Moseloven. Herfra stammer også de byrder, at det skulle være en dødssynd at arbejde på en helligdag, også hvis det sker uden gener for andre. At det er en dødssynd at springe bedetiderne over. At en bestemt slags mad skulle

oppressa interim doctrina de fide et justitia fidei, quia subinde plures feriæ factæ sunt, jejunia indicta, ceremoniæ novæ, novi honores sanctorum instituti sunt, quia arbitrabantur se auctores talium rerum his operibus mereri gratiam. Sic olim creverunt canones poenitentiales, quorum adhuc in satisfactionibus vestigia quædam videmus.

Item auctores traditionum faciunt contra mandatum dei, quum collocant peccatum in cibis, in diebus et similibus rebus, et onerant ecclesiam servitute legis, quasi oporteat apud christianos ad pomerendam justificationem cultum esse similem Levitico, cujus ordinationem commiserit deus apostolis et episcopis. Sic enim scribunt quidam, et videntur pontifices aliqua ex parte exemplo legis mosaicæ decepti esse. Hinc sunt illa onera, quod peccatum mortale sit etiam sine offensione aliorum in feriis laborare manibus, quod sit peccatum mortale omittere horas canonicas, quod certi cibi polluant conscientiam, quod jejunia sint opera placantia deum, quod peccatum in casu reservato non possit remitti, nisi accesserit auctoritas reservantis;

besmitte sjælen. At faste er en gerning, der behager Gud. Og at overtrædelser af de specielt indførte regler ikke kan tilgives af andre end ophavsmanden til disse regler – og det selvom kirkelovene faktisk ikke taler om synd i den forbindelse, men alene om eftergivelse af de kirkelige bodsstraffe.

Hvorfra skulle biskopperne have fået en sådan ret til at pålægge kirken skikke, der narrer samvittigheden? Når Peter netop forbyder at lægge åg på disciplene og Paulus siger, at de har fået magt til at opbygge og ikke til at nedbryde. Hvorfor forøger biskopperne da synden på grund af disse nye skikke?

Der er jo klare skriftsteder, der forbyder at indføre skikke med det formål at fortjene nåde eller som noget, der skulle være nødvendigt for frelsen. Således skriver Paulus i Kolossenserbrevet 2: ”Lad ingen dømmer jer på grund af mad eller drikke, eller helligdage eller sabbatter.” Og videre: ”Når I med Kristus er døde fra ydre ordninger, hvorfor underkaster I jer så påbud, som om I levede i verden: Tag ikke, smag ikke, rør ikke! – alt sammen noget, der skal bruges og forgå – det er kun menneskers påbud og lære,

quum quidem ipsi canones non de reservatione culpæ, sed de reservatione poenæ ecclesiasticæ loquantur.

Unde habent jus episcopi has traditiones imponendi ecclesiis ad illaqueandas conscientias, quum Petrus vetet imponere jugum discipulis, quum Paulus dicat, potestatem ipsis datam esse ad ædificatione, non ad destructionem? Cur igitur augent peccata per has traditiones?

Verum exstant clare testimonia, quæ prohibent condere tales traditiones ad promerendam gratiam, aut tamquam necessarias ad salutem. Paulus Col. 2: Nemo vos judicet in cibo, potu, parte diei festi, novilunio aut sabbatis. Item: Si mortui estis cum Christo ab elementis mundi, quare tamquam viventes in mundo decreta facitis: non attingas, non gustes, non contrectes? quæ omnia pereunt usu et sunt mandata et doctrinæ hominum, quæ habent speciem sapientiæ. Item ad Titum aperte prohibet traditiones: Non attendentes

skønt det går for at være visdom."
Og Kristus siger i Matthæus 15 om
dem, der indfører disse skikke: "Lad
dem være, de er blinde vejledere for
blinde." Og han kritiserer en sådan
gudsdyrkelse: Enhver plante, som
min himmelske fader ikke har plan-
tet, skal rykkes op."

Hvis biskopperne havde en sådan
ret til at besvære kirken med disse
endeløse skikke og fælder for sam-
vittigheden, hvorfor forbyder skrif-
ten så fuldstændig at indføre og ad-
lyde sådanne skikke? Hvorfor kal-
des det dæmoners lærdom? Mon
Helligånden forud har advaret os
om dette uden grund?

Følgelig er det ikke nogen biskop
tilladt, at anordne religiøse skikke
som værende nødvendige for frel-
sen eller i den hensigt at fortjene
nåde, da noget sådant strider mod
evangeliet. Det er nemlig vigtigt at
fastholde læren om den kristne fri-
hed: at lovtrældom ikke er nødven-
dig til retfærdiggørelse. Som der
står i Galaterbrevet: "Lad jer ikke
atter tvinge under trælleåg!" Det er
altafgørende, at vi bevarer evangeli-
ets vigtigste punkt: at vi modtager
nåden gratis ved troen på Kristus,

Judaicis fabulis et mandatis homi-
num, aversantium veritatem. Et
Christus Matth. 15. inquit de his,
qui exigunt traditiones: Sinite illos;
cæci sunt et duces cæcorum; et im-
probas tales cultus: Omnis planta-
tio, quam non plantavit pater meus
coelestis, eradicabitur.

Si jus habent episcopi, onerandi
ecclesias infinitis traditionibus et il-
laqueandi conscientias, cur toties
prohibet scriptura condere et audire
traditiones? Cur vocat eas doctrinas
dæmoniorum? Num frustra hæc
præmonuit spiritus sanctus?

Relinquitur igitur, quum ordina-
tiones, institutæ tamquam neces-
sariæ aut cum opinione prome-
rendæ gratiæ, pugnent cum evange-
lio, quod non liceat ullis episcopis
tales cultus instituere aut exigere.
Necesse est enim in ecclesiis retine-
rei doctrinam de libertate christi-
ana, quod non sit necessaria servi-
tus legis ad justificationem, sicut in
Galatis scriptum est: Nolite iterum
jugo servitutus subjici. Necesse est
retineri præcipuum evangelii lo-
cum, quod gratiam per fidem in
Christum gratis consequamur, non
propter certas observationes aut

ikke på grund af efterlevelsen af bestemte regler eller religiøse skikke anordnet af mennesker.

Hvordan bør man så forstå søndagen og andre lignende kirkelige skikke? Vort svar er, at biskopperne eller præsterne har lov til at indføre ordninger, der tjener til at tingene kan gå for sig med en vis orden i kirken. Men ikke for at man skal fortjene nåden ved disse ting eller gøre fyldest for synden. Og man må ikke tvinge samvittighederne til at mene, at disse ting er nødvendige af hensyn til frelsen, eller at man synder, hvis man bryder dem uden at genere andre. Således anordnede Paulus, at kvinderne skulle have hovedet tilsløret og at prædikanterne skulle hører i tur og orden.

Sådanne ordninger er det rimeligt, at menigheden overholder for kærlighedens og fredens skyld, så man ikke generer andre, så alting i kirken kan foregå med orden og uden ballade. Men altså på en sådan måde at samvittigheden ikke tynges, så man tror, det er noget, der er nødvendig for ens frelse eller at man synder, hvis man overtræder dem uden at skade andre. Ingen siger jo, at en kvinde synder, hvis hun

propter cultus ab hominibus institutos.

Quid igitur sentiendum est de die dominico et similibus ritibus templorum? Ad hæc respondent, quod liceat episcopis seu pastoribus facere ordinationes, ut res ordine gerantur in ecclesia, non ut per illas mereamur gratiam, aut satisfaciamus pro peccatis, aut obligentur conscientiæ, ut judicent esse necessarios cultus, ac sentiant se peccare, quum sine offensione aliorum violant. Sic Paulus ordinat, ut in congregatione mulieres velent capita, ut ordine audiantur in ecclesia interpretes etc.

Tales ordinationes convenit ecclesias propter caritatem et tranquillitatem servare eatenus, ne alius alium offendat, ut ordine et sine tumultu omnia fiant in ecclesiis; verum ita, ne conscientiæ onerentur, ut ducant res esse necessarias ad salutem, ac judicent se peccare, quum violant eas sine aliorum offensione; sicut nemo dixerit peccare mulierem, quæ in publicum non velato capite procedit sine offensione hominum.

viser sig offentligt uden slør og uden at støde andre.

Sådan er det også med søndagen, påsken, pinsen og andre helligdage og traditioner. For hvis man tror, det er med kirkens autoritet, man har anordnet søndagens helligholdelse i stedet for sabbatten, tager man gruelig fejl. Det er nemlig skriften (tysk: Gud), der har afskaffet sabbatten ved at lære os, at man kan undlade alle Moselovens regler, efter at evangeliet er blev åbenbaret. Men da man alligevel havde brug for en bestemt dag, så folk kunne vide, hvornår de skulle samles, valgte kirken søndagen til dette formål. Det ser også ud til at man har valgt søndagen som et eksempel på den kristne frihed, så man kunne se, at hverken overholdelsen af sabbatten eller nogen anden dag er strengt nødvendig.

Der er ført de særeste diskussioner om lovændringer, om den nye lovs regler, om ændringen af sabbatten, som alle stammer fra den forkerte opfattelse, at kirken med nødvendighed må have en gudstjeneste i lighed med den gammeltestamentlige. Og at Kristus skulle have sat apostlene og biskopperne til at udtænke nye ceremonier, der

Talis est observatio diei dominici, paschatis, pentecostes et similium feriarum et rituum. Nam qui judicant ecclesiæ auctoritate pro sabbato insitutam esse diei dominici observationem tamquam necessariam, longe errant. Scriptura abrogavit sabbatum, quæ docet omnes ceremonias mosaicas post revelatum evangelium omitti posse. Et tamen quia opus erat constituere certum diem, ut sciret populus, quando convenire deberet, apparet ecclesiam ei rei destinasse diem dominicum, qui ob hanc quoque causam videtur magis placuisse, ut haberent homines exemplum christianæ libertatis, et scirent nec sabbati nec alterius diei observationem neccessariam esse.

Exstant prodigiosæ disputationes de mutatione legis, de ceremoniis novæ legis, de mutatione sabbati, quæ omnes ortæ sunt ex falsa persuasione, quod oporteat in ecclesia cultum esse similem levitico, et quod Christus commiserit apostolis et episcopis excogitare novas ceremonias, quæ sint ad salutem neceser nødvendige for frelsen. Disse fejl har sneget sig ind i kirken, fordi troens retfærdighed ikke er blevet forkyndt klart nok. Nogle hævder, at søndagens overholdelse ganske vist ikke hviler på guddommelig ret, men dog bør regnes som om den var og laver derfor regler for hvilket arbejde, der er tilladt. Hvad er sådanne diskussioner andet end fælder for samvittigheden? For selvom nogle har forsøgt at mildne reglerne, kan man ikke nå et rimeligt resultat, så længe forestillingen om nødvendigheden består. Og den må jo forblive, hvor man er uvidende om troens retfærdighed og den kristne frihed.

Apostlene befalede at holde sig fra blod, men hvem overholder det i dag? Og dog synder man ikke, hvis man ikke overholder det, fordi apostlene ikke havde til hensigt at besvære samvittigheden med disse regler. De udstedte kun dette forbud for en tid af hensyn til de svage. Man bør nemlig huske på grunden til denne beslutning, for at forstå evangeliets blivende betydning.

Der er vel heller ingen, der overholder alle de kirkelige regler til punkt og prikke. Og selv hos dem,

sariæ. Hi errores serpserunt in ecclesiam, quum justitia fidei non satis clare doceretur. Aliqui disputant diei dominici observationem non quidem juris diviniesse, sed quasi juris divini; præscribunt de feriis, quatenus liceat operari. Hujusmodi disputationes quid sunt aliud nisi laquei conscientiarum? Quamquam enim conentur epiikeizare traditiones, tamen nunquam potest æquitas deprehendi, donec manet opinio necessitatis, quam manere necesse, est, ubi ignorantur justitia fidei et libertas christiana.

Apostoli jusserunt abstinere a sanguine: quis nunc observat? Neque tamen peccant, qui non observant, quia ne ipsi quidem apostoli voluerunt onerare conscientias tali servitute, sed ad tempus prohibuerunt propter scandalum. Est enim perpetua voluntas evangelii consideranda in decreto.

Vix ulli canones servantur accurate et multi quotidie exolescunt apud illos etiam, qui diligentissime defendunt traditiones. Nec potest

der ivrigst forsvarer de gamle tradi-
tioner, går mange regler lidt efter
lidt af brug. Og man kan ikke bero-
lige samvittigheden, hvis ikke man
indrømmer, at overholdelsen af
disse ting ikke er nødvendige for
frelsen, og at det intet ville skade,
hvis man afskaffede dem.

Biskopperne kunne let bevare en
rimelig lydighed, hvis de ikke fast-
holdt de regler, der ikke kan over-
holdes med god samvittighed. Men
de kræver cølibat og ansætter ingen
med mindre de lover, at de ikke vil
forkynde evangeliets rene lære. Vi
forlanger ikke at biskopperne skal
genoprette enighed ved at ofre de-
res værdighed, selvom det vel søm-
mede sig for gode hyrder. Vi ønske
blot, at de urimelige byrder afskaf-
fes, som er nye og er anordnet i
strid med kirkens almindelige skik
og brug. Muligvis har nogle af disse
regler fra begyndelsen af haft en
god grund, som så ikke længere ek-
sisterer. Det er desuden tydeligt, at
nogle er vedtaget ved en fejltagelse,
som den milde pave nu kunne op-
hæve, da det ikke ville skade kirkens
enhed. For mange menneskelige
traditioner er blevet ændret i tidens
løb, som kirkelovene selv viser.
Hvis det ikke kan imødekommes, at

conscientiis consuli, nisi hæc æqui-
tas servetur, ut sciamus eos sine
opinione necessitatis servari nec
lædi conscientias, etiamsi traditio-
nes exolescant.

Facile autem possent episcopi le-
gitimam oboedientiam retinere, si
non urgerent servare traditiones,
quæ bona conscientia servare non
possunt. Nunc imperant coeliba-
tum, nullos recipiunt, nisi jurent se
puram evangelii doctrinam nolle
docere. Non petunt ecclesiæ, ut
episcopi honoris sui iactura sarciant
concordiam; quod tamen decebat
bonos pastores facere. Tantum pe-
tunt, ut injusta onera remittant,
quæ nova sunt et præter consuetu-
dinem ecclesiæ catholicæ recepta.
Fortassis initio quædam consitutio-
nes habuerunt prohabiles causas;
quæ tamen posterioribus tempori-
bus non congruunt. Apparet etiam
quasdam errore receptas esse. quare
pontificiæ clementiæ esset illas
nunc mitigare, quia talis mutatio
non labefacit ecclesiæ unitatem.
Multæ enim traditiones humanæ
tempore mutatæ sunt, ut ostendunt

der gives frihed i de skikke, der ikke
kan overholdes uden synd, må vi
følge den apostolske regel, som by-
der, at adlyde Gud mere end men-
nesker.

Peter forbyder biskopperne, at
herske og regere over menighe-
derne, og vi beder blot om dette
ene, at man vil tillade at evangeliet
bliver forkyndt rent og at der gives
frihed i de skikke, der ikke kan hol-
des uden synd. Men hvis man ikke
vil give efter i noget, må de selv se
til, hvordan de vil gøre regnskab for
Gud, hvis de ved hårdnakkethed
fremkalder kirkesplittelse.

ipsi canones. Quodsi non potest im-
petrari, ut relaxentur observationes,
quæ sine peccato non possunt præ-
stari, oportet nos regulam apostoli-
cam sequi, quæ præcipit, deo magis
oboedire, quam hominbus.

Petrus vetat episcopos dominari
et ecclesiis imperare. Nunc non id
agitur, ut dominatio eripiatur
episcopis, sed hoc unum petitur, ut
patiantur evangelium pure doceri,
et relaxent paucas quasdam obser-
vationes, quæ sine peccato servari
non possunt. Quodsi nihil remise-
rint, ipsi viderint, quomodo deo ra-
tionem reddituri sint, quod pertina-
cia sua causam schismati præbent.

Afslutning

Afslutning
Det er de vigtigste artikler, der
kunne være uenighed om. Vi kunne
ganske vist nævne flere misbrug,
men vi har indskrænket os til de
vigtigste, for ikke at gør det for
langt. Ud fra dette kan man let
dømme om det øvrige. Der har væ-
ret mange klager over afladshand-
len, valfarterne og misbrug ved
udelukkelse fra kirken. Sognene har

Epilogus.
Hi sunt præcipui articuli, qui viden-
tur habere controversiam. Quan-
quam enim de pluribus abusibus
dici poterat, tamen, ut fugeremus
prolixitatem, præcipua complexi
sumus, ex quibus cetera facile judi-
cari possunt. Magnæ querelæ fue-
runt de indulgentiis, de peregrinati-
onibus, de abusu excommunicatio-

været meget plagede af de omrejsende afladskræmmere. Der har været utallige stridigheder mellem præsterne og munkene om sognegrænsen og retten til at stå for skriftemål, begavelser, festligheder og utallig mange andre ting.

Det har vi sprunget over, for at det, der er det vigtigste, kunne fremstilles kort, så det lettere kan forstås. Og vi har ikke samlet og fremlagt det for at fornærme nogen. Vi har kun nævnt det, der er nødvendigt, for at man se, at der intet er i vores lære og ceremonier, der er i strid med skriften eller den almindelige kirke. Det skulle være tydeligt, at vi omhyggeligt har vogtet os for ikke at ingen nye og ugudelige lærdomme har sneget sig ind i vores menigheder.

Disse nedskrevne artikler har vi ønsket at fremlægge i overensstemmelse med den kejserlige bekendtgørelse. Heri kan man se vores bekendelse og en sammenfatning af den lære, der forkyndes hos os. Hvis der mangler noget i denne bekendelse, skal vi gerne fremlægge yderligere forklaring med Guds hjælp og ud fra Skriften.

nis. Parochiæ multipliciter vexabantur per stationarios. Infinitæ contentiones erant pastoribus cum monachis de jure parochiali, de confessionibus, de sepulturis, de extraordinariis concionibus et de aliis innumerabilibus rebus.

Hujusmodi negotia prætermisimus, ut illa, quæ sunt in hac cause præcipua, breviter proposita facilius cognosci possent. Neque hic quidquam ad ullius contumeliam dictum aut collectum est. Tantum ea recitata sunt, quæ videbantur necessario dicenda esse, ut inteligi possit, in doctrina ac ceremoniis apud nos nihil esse receptum contra scripturam aut ecclesiam catholicam, quia manifestum est, nos diligentissime cavisse, ne qua nova eet impia dogmata in ecclesias nostras serpent.

Hos articulos supra scriptos voluimus exhibere juxta edictum cæsareæ majestatis, in quibus confessio nostra exstaret et eorum, qui apud nos docent, doctrinæ summa cerneretur. Si quid in hac confessione desiderabitur, parati sumus latiorem informationem, deo volente, juxta scripturas exhibere.

Deres kejserlige Majestæts tro un-
dersåtter

Johann, hertug af Sachsen, kurfyr-
ste.
Georg, markgreve af Brandenburg
Ernst, hertug af Lüneburg.
Philipp, landgreve af Hessen.
Johann Frederik, hertug af Sachsen.
Franz, hertug af Lüneburg.
Wolfgang, fyrste af Anhalt.
Byrådet og embedsmændene i
Nürnberg.
Byrådet i Reutlingen

Cæsareæ majestatis vestræ fideles et
subditi

Johannes, Dux Saxoniæ, Elector.
Georgius, Marchio Brandenburgen-
sis.
Ernestus, Dux Lunenburgensis.
Philippus, Landgravius Hessorum.
Johannes Fridericus, Dux Saxoniæ.
Franciscus, Dux Lunenburgensis.
Volfgangus, Princeps ab Anhalt.
Senatus Magistratusque Nurnber-
gensis.
Senatus Reutlingensis.

———

Se mere på lutherdansk.dk og i Den store Lutherserie